电商直播实操教程

浙江省电子商务促进中心
浙江国际电子商务研究院
组织编写

直播脚本　直播间粉丝运营　数据优化　直播话术　主播人设
数据优化　直播间场景打造　主播人设　直播话术　直播选品　数据优化
直播话术　直播间场景打造　危机应对　直播选品　直播间粉丝运营
危机应对　直播脚本　直播间场景打造

浙江科学技术出版社

图书在版编目（CIP）数据

电商直播实操教程/浙江省电子商务促进中心，浙江国际电子商务研究院组织编写. —杭州：浙江科学技术出版社，2020.9（2020.10重印）

ISBN 978-7-5341-9251-7

Ⅰ.①电… Ⅱ.①浙… ②浙… Ⅲ.①网络营销 Ⅳ.①F713.365.2

中国版本图书馆CIP数据核字（2020）第182015号

书　　名	电商直播实操教程			
组织编写	浙江省电子商务促进中心 浙江国际电子商务研究院			
出版发行	浙江科学技术出版社 网址：www.zkpress.com 杭州市体育场路347号 邮政编码：310006 编辑部电话：0571-85170300-61305 销售部电话：0571-85062597 E-mail：zkpress@zkpress.com			
排　　版	杭州万方图书有限公司			
印　　刷	浙江新华数码印务有限公司			
经　　销	全国各地新华书店			
开　　本	787×1092　1/16	印　张	9.5	
字　　数	160 000			
版　　次	2020年9月第1版	印　次	2020年10月第2次印刷	
书　　号	ISBN 978-7-5341-9251-7	定　价	48.00元	

版权所有　翻印必究

（图书出现倒装、缺页等印装质量问题，本社销售部负责调换）

责任编辑　卢晓梅　　　　　　**责任校对**　刘　燕
责任美编　金　晖　　　　　　**责任印务**　叶文炀

《电商直播实操教程》编委会

主　　编　朱佩珍　金川涵

副 主 编　郝　昕　严梦甜

编写人员　（按姓氏笔画排序）

　　　　　　史鹏飞　李述文　李剑虹　杨　丹　张　鹏

　　　　　　陆　野　陈宗艺　邵承浩　柴腾飞

序言

党的十九大提出:"要坚持就业优先战略和积极就业政策,实现更高质量和更充分就业。大规模开展职业技能培训,注重解决结构性就业矛盾,鼓励创业带动就业。"为深入贯彻落实党中央、国务院关于技能人才培训和职业技能提升行动的决策部署,加快培养适应经济社会发展需要的技术技能人才,浙江省委、省政府深入推进"人才强省"战略实施,启动了新时代工匠培育工程和"金蓝领"职业技能提升行动,在全省范围大规模开展有针对性的职业技能培训,到2022年,争取培训300万人次以上,其中培训电子商务技能人才3万人次以上。

随着智能手机和4G网络的普及以及5G网络建设和应用的推进,电商正在从文字时代跨入视频时代。视频时代一个最重要的内容,就是以直播为代表的新电商将在各行各业得到更广泛的应用。正如新华网报道所言,"手机成了农民的'新农具',直播成了'新农活'",直播成了视频时代最重要的新工具、新技能、新职业。

为加强电子商务技能人才和直播专业人才的培养，浙江省电子商务促进中心、浙江国际电子商务研究院组织具有电商直播实操经验和教材编写经验的专家和从业人员，编写了《电商直播实操教程》一书。本书是一本入门级的教材，对主播的人设定位、直播选品、直播间场景打造、直播脚本、直播话术、直播间粉丝运营、危机应对、数据优化等方面给出了具有指导性和实操性的建议。不论您是工人、农民、小店店主、专业院校或大学的学生，还是退伍军人，也不论您从事哪个行业、是否有电商从业经验，翻开本书看看，相信定会有所获益。

浙江省商务厅厅长 盛和平

2020年8月

目录

第一章　电商直播概述 ... 1
 第一节　电商直播的产生及概念 ... 2
 第二节　电商直播的发展历程及意义 ... 4
 第三节　电商直播的发展现状及趋势 ... 7

第二章　直播前的准备 ... 11
 第一节　主播的人设定位 ... 12
 第二节　直播选品 ... 15
 第三节　直播间场景打造 ... 23
 第四节　熟悉直播规则 ... 36

第三章　直播实操 ... 49
 第一节　开播流程 ... 50
 第二节　直播脚本 ... 59

第三节	直播话术	70
第四节	直播间粉丝运营	74
第五节	危机应对	91

第四章 直播数据及其优化　103
第一节　直播数据概况　104
第二节　粉丝数据　106
第三节　商品成交数据　117
第四节　流量及观看数据　123

附　录　中国广告协会《网络直播营销行为规范》　135

后　记　143

第一章
电商直播概述

第一节　电商直播的产生及概念

一　电商行业的现状

2020年4月28日，中国互联网络信息中心（CNNIC）发布的《第45次中国互联网络发展状况统计报告》显示，截至2020年3月，我国网民规模达9.04亿，互联网普及率为64.5%，较2018年底提高4.9个百分点。受新冠肺炎疫情影响，大部分网络应用的用户规模呈现较大幅度增长。其中，在线教育、在线政务、网络支付、网络视频、网络购物、即时通信等应用的用户规模较2018年底增长迅速，增幅均在10%以上。

随着互联网普及率的不断提升，我国电商行业稳步发展，截至2020年3月，我国网络购物用户规模达7.10亿，较2018年底增长16.4%，占网民整体的78.6%。2020年1—2月，全国实物商品网上零售额同比增长3.0%，实现逆势增长，占社会消费品零售总额的21.5%，比上年同期提高5个百分点。

随着移动设备的普及、移动网络的快速发展，以及快捷支付和物流的发展，我国电商体系越来越完善，网络购物用户规模逐渐触达网民规模的"天花板"。越来越多的企业涌入电商行业，企图占有一席之地，使得近些年电商行业逐渐显现出群雄逐鹿的态势。因此，各大电商平台为抢占市场份额，不得不开发新的营销方式吸引顾客，以获取更大的流量并实现变现。

二　网络直播的兴起

网络直播指的是主播通过手机、计算机等电子设备在互联网直播平台直播自己要表达的内容，观众可以通过文字与主播沟通，并通过虚拟道具对主播进行打赏的一种全新的在线娱乐方式，是产生于"互联网+"时代的新型媒介。

在网络直播诞生初期，主播多为90后、00后。由于互联网和电子设备的普及，直播的门槛非常低，一部智能手机就可以营造出一个直播间。对年轻用户来说，他们的社交中心慢慢向小型私密空间和网络虚拟空间转移，网络直播的出现刚好满足了他们的社会交往需求，他们在网络上建立起这样新兴的社交空间，不仅成本低，而且沟通更加便捷、更加直接。

 直播与电商的结合

近年来，我国直播平台得到了飞速发展，具体表现为平台数量和用户规模与日俱增。商家也开始将直播和电子商务结合起来，以"蘑菇街""小红书"等为代表的内容分享社区和以"淘宝"等为代表的传统电商平台均上线了直播功能，并取得了良好效果。用户在观看直播时对直播中出现的营销行为普遍持有正面态度，另外有相当比例的用户在观看直播时带有消费目的。

相较于传统电商模式，电商直播具有高交互性、社交性和娱乐性等特征，能够更好地实现用户留存，并能调动用户的购买意愿。用户在观看直播时，能够更加清晰地了解产品信息，并在此基础上做出相应的购买决策。电商直播模式已经成为新的线上商业风口，蕴藏着巨大的营销潜力，并得到广泛重视和应用。

随着直播平台在垂直细分领域的深入发展，部分商家开始入驻直播平台，进行商品营销活动。主播和商家通过直播平台连接不同身份、不同地位、不同文化背景的用户群体，通过向他们个性化地展示产品相关信息，在线分享自己的使用体验，以及和用户一起进行互动等方式推广和销售产品，实现精准营销。

本书对电商直播的定义为：以电商平台为载体，以商品销售为目的，主播借助直播技术与通信工具，实时在线对商品进行全方位展示与解说，并与消费者开展即时互动，消费者可以边看边买的在线直播购物模式。

第二节　电商直播的发展历程及意义

一　电商直播的发展历程

电商直播始于2016年，这一阶段直播平台试图打通"直播＋内容＋电商"的各个环节，以提高用户黏性，将流量变现。2017年行业开始分化，各种不同的角色出现，如MCN机构①、供应链等，行业开始走向精细化。2019年电商直播爆发，这一年被称为电商直播元年。

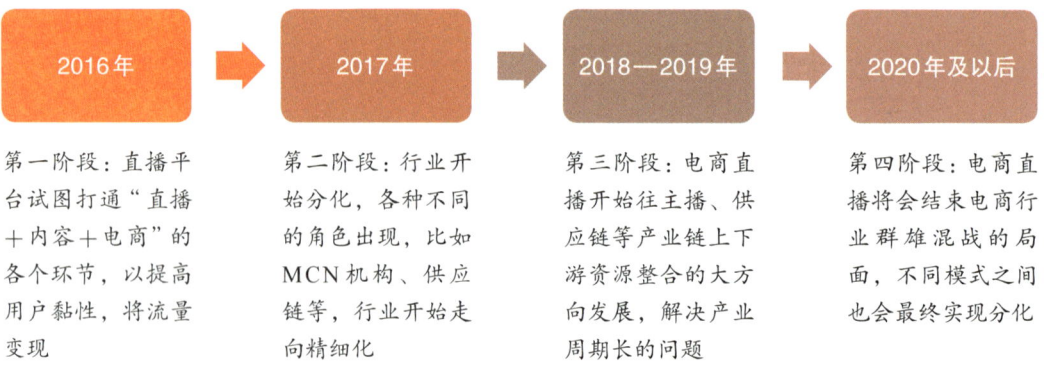

图1-2-1　中国电商直播行业的发展历程及主要特点（数据来源：艾媒咨询）

数据显示，电商直播从2016年至今都保持高速增长的态势。与此同时，中国网络直播观看用户数量也在不断扩大。这些数据背后，是直播与电商融合带来的巨额利润。《2020淘宝直播新经济报告》显示，2019年淘宝直播带动的销售额超过2000亿元，连续三年引导成交额增速150%以上，其中"双十一"当天直播销售额近200亿元，177位主播年度销售额破亿元。电商直播获取流量与转化流量的强大能力，吸引了越来越多的明星、网红入驻直播平台，电商直播的市场规模急剧扩大。

---

① MCN机构是联合若干垂直领域具有影响力的互联网专业内容生产者，利用自身资源为其提供内容生产管理、内容运营、粉丝管理、商业变现等专业化管理和服务的机构。

二 电商直播的意义

(一)网红经济,自带流量

网红是指在互联网上有影响力的人。在直播平台上,网红通过直播的形式产生内容,带动产品销售。网红经济本质上是一种商业模式,是一种有目的性、有针对性的精准营销方式,是网红利用自身的影响力和知名度,采取一定的变现渠道来获取经济利益。以薇娅直播间为例,2019年"双十一"期间,薇娅通过直播引导成交额30多亿元,其中单链接引导成交额最高达1.6亿元。阿里巴巴集团的曾鸣教授对网红给出了高度评价:"网红、直播代表的是品牌人格化,营销互联网化,更是C2B的发端。""网红不是转瞬即逝的浪花,而是塑造全球商业气候的巨型洋流。"

(二)真实可靠,优化体验

在直播过程中,消费者看到的视频基本未经修饰,产品的真实性、可信度较高,能帮助消费者更全面地了解产品或服务。相较于传统的平面、媒体广告和图片展示,直播的展示效果更好。再加上直播能实时为消费者提供更优质的服务,优化消费者体验,在一定程度上培养了顾客忠诚度,提高了用户黏性,能给商家带来长期的正向效益。

(三)实时互动,创造价值

对于传统电商用户而言,从互联网得到的信息不足以推动购买决策,用户往往会有实物与描述不符的顾虑。电商直播的出现打通了场景互动和售卖行为,为用户提供了边看边买的良好体验,形成了真正打通人、货、场的重要模式。通过场景化直播,用户可以更全面地了解产品,从而避免出现"买家秀"和"卖家秀"相差太大的尴尬。同时,主播通过讲解、示范和回答问题,可与用户进行实时在线互动。这样,用户不仅仅是内容的观看者,也是产品的使用者、传播者和评判者。

(四)烘托气氛,刺激欲望

除了缺少互动体验,传统电商另一个比较大的缺陷在于缺乏社交行为和购买氛围。以前用户在电商平台挑选商品时,往往只能一个人闷头选择,而电商直播具备社交属性,在直播过程中,用户可以支持点赞、打赏送礼、评论,甚至还能看到"×××正在购买"之类的信息,这些功能在增加平台活跃度的同时还营造了良好的购物氛围。再加上直播间发放优惠券和红包的营销策略,在一定程度上激发了消费者的购物欲望。

(五)助力企业,拉动内需

电子商务的出现与普及给许多传统行业带来了巨大冲击,不少传统行业迫于压力选择从线下转为线上,在此过程中面临着诸多困难,如客户不肯来、销量上不去,这些问题困扰着众多传统行业经营者。电商直播模式的出现给他们带来了破局之道。"与电商、直播等互联网新形态结合,省去了产品供应链、店铺运营、销售等多个中间环节,搭建了从批发市场到消费者端的通路,这为许多传统行业带来了全新的业务空间。"阿里巴巴公关部负责人说道。短短几年,直播几乎渗透了美妆、服饰、食品、家电等所有行业,成为商家越来越重要的销货通路。电商直播作为未来发展的一大趋势,将为经济增长作出重要贡献。

(六)突破传统,高转化率

转化率是电商从业人员最关注的数据之一,如果平台通过各种营销手段带来的流量并没有促成成交总额(Gross Merchandise Volume,GMV)[①]的增长,说明这种营销方式并没有真正吸引用户消费,是无效的。传统电商就面临着转化率不高的问题,一般而言,传统电商的转化率在5%左右,再加上获得流量的成本日渐增加,电商能获得的利润额也日趋减少。这一问题在电商直播的模式中得到了解决,数据显示,截至2018年4月,网红电商的GMV年度增长量高达62%。

---

① 在电子商务平台上,GMV指网站的成交总额,GMV=销售额+取消订单金额+拒收订单金额+退货订单金额。只要用户点击了购买,无论最终有没有实际购买,这个订单的金额都会计算在GMV里。所以,商家可以用GMV来研究用户的购买意向、购买后的退单比率、GMV与实际成交额的比率等。

第三节　电商直播的发展现状及趋势

一、电商直播的发展现状

(一)电商直播越来越受重视

电商直播的市场规模呈现逐年扩大趋势，盈利能力也在不断攀升，并得到越来越多企业的重视。据艾媒咨询数据显示，2019年，国内电商直播行业的总规模达到了4338亿元，预计到2020年规模将翻一番。电商直播能帮助企业在较短时间内打造爆款产品，扩大市场份额，进而提升盈利能力，因此得到越来越多企业的重视。

(二)直播平台越来越重视流量变现

直播平台开始聚焦商业化发展，更加关注从B端（商家）实现营收。直播行业发展态势逐渐趋于稳定，全民参与直播的热潮也慢慢消退，优秀的内容生产者仍留存于平台之中，并持续不断地输出精品内容。在行业已经步入成熟期的背景下，平台应该着眼于构建具有合理性、可持续性和规模化的商业模式。各直播平台越来越重视来自B端的收入，以及如何充分利用直播自身优势和特征进行产品推广，并据此吸引更多商家投放广告，最大限度地实现流量变现。

(三)直播内容更加重视质量

电商直播通过优质内容吸引用户，并据此为平台带来更多广告主资源。在积极获取流量和扩大流量规模的同时，各平台也在努力改变大众对直播行业原有的"低俗""混乱"等负面印象，并对营销模式不断推陈出新，吸引广告主长期合作，以此提高平台自身的流量变现能力，提升商家和直播平台的形象，帮助广告主拓展企业资源，从而实现产业链升级。正是在这一背景下，与直播相结合的营销方式得到广泛应用，并受到越来越多企业的重视。

(四)电商直播产业链日趋完善

电商直播模式的商业化进程不断推进，产业链发展更加成熟。产业链上游主要由具有较高品牌知名度和行业内领先的企业组成，他们是向直播平台投放广告的主要客户。产业链下游是观看直播的用户，他们对直播平台提供的营销内容持有正面态度，并且愿意购买推荐的商品。直播平台为更好地服务用户和商家，将物流、技术供应商、内容生产者及支付平台等第三方服务提供商集成于平台中，在帮助企业获得更好营销效果的同时，提升了用户体验，提高了买卖双方的交易效率。

二、电商直播的发展趋势

(一)提升直播的质量，丰富直播的内容

对电商直播来说，只有在内容和商品积累了一定的口碑后，才能形成良性的直播生态。需要指出的是，直播内容固然重要，但产品价值、质量和服务应当摆在首位，这是获取用户信任的基础。在此基础上，为直播平台创作具有代表性的内容，形成与其他电商的差异化壁垒，才具有意义。

(二)培养专业的主播

直播中的互动对于增加用户黏性非常重要，这也是提升转化率的前提，这就对主播的专业能力提出了较高的要求。电商可以通过专业的MCN机构来培养主播，提升主播的专业知识与自身素质。专业的主播通过专业的讲解和示范能让消费者更直观地认识产品，辨别产品质量，产生消费欲望，最终下单购买。

(三)创新直播的内容和形式

随着电商直播行业的不断发展,各直播平台的规则也在不断发生变化,旧方法已经不适合现在的情况。一成不变的直播内容和形式容易使用户厌倦,为增加用户黏性,主播也应及时转变思路。主播可以尝试整合平台内的资源或借鉴新媒体运营的一些思路和策略,在内容或形式上进行创新,实现平台内的合作共赢,构建差异化壁垒。

第二章

直播前的准备

第一节 主播的人设定位

 人设的定义

人设是人物设定的简称,即从一个人的实际情况出发去塑造出一个完整的人物形象。人物的姓名、年龄、外貌特征、个性特点、出生背景、成长背景等都是人设的决定因素。"傻白甜""国民老公""国民女神""女汉子""型男"等都是常见的人设标签。

主播常用的人设有以下几种:

(1)专业型:对产品的功能、参数、材质、效果、原理、适用场景、设计理念、使用方式等相关信息都非常了解。

(2)娱乐型:直播风格幽默风趣,能够与粉丝拉近距离。

(3)才艺型:能歌善舞,能够吸引粉丝停留。

(4)另类型:风格另类,个性鲜明。

(5)颜值型:善用外貌、身材等优势吸引粉丝停留。

(6)明星型:自带光环,人设强大。

人设的作用

人设的作用是令大众易于记住。当我们提到某位明星或者某位名人时,他们的人设标签总会立即出现在我们的脑海中。其实这些标签都是其经纪公司或公关团队为他们精心设计的,可以使他们更具有话题性,令大众或粉丝对他们更有记忆。人设可以将个人特色最大化呈现,从而加深在粉丝脑海里的印象。

人设是主播与粉丝建立关系的第一要素。主播通过建立的人设传达出个人魅力、性格特点、价值主张等,吸引特定的粉丝群体,并满足他们的需求,继而建立起稳固的关

系。所以，对于主播来说，塑造适合的人设至关重要。

人设的打造

（一）精准定位

首先，主播要善于打造自己的标签。标签能让用户快速记住一个主播，比如当提到某位主播的时候，用户的第一反应就是那个非常有特点的标签。新手主播可以通过有传播度并符合目标定位和"调性"的标签让自己拥有辨识度。

其次，主播要塑造出一个区别于他人的形象，让粉丝能被主播的个人特点吸引，从而引起关注，制造话题，获取流量。所以，成功的人设一定要有强烈的记忆点。

（二）形象鲜明

形象分为外在形象与内在形象。样貌、着装等属于外在形象，性格、言行举止、价值主张等属于内在形象，这些都有助于主播塑造鲜明立体的个人形象。例如，有的主播将自己定位为行业专家，通过输出专业领域的知识内容，打造"专业"的形象；有的主播通过才艺展示打造"娱乐"的形象；还有的主播通过测评商品功能、讲述使用心得、展示使用效果来打造"公正客观"的形象。所以，主播在塑造人设的时候应结合自身实际情况，放大个人优势，以展现出独特的人格魅力。

（三）可持续化

首先，人的记忆周期很短，只有通过不断地刺激才能够拥有长期记忆。所以，在主播开播的初期，标题与封面要和人设标签保持高度一致，而且不宜经常更换。根据艾宾浩斯遗忘曲线的规律：人的第一个记忆周期只有5分钟，主播可以利用自我介绍在5分钟内迅速强化自己的人设标签；第二个记忆周期是20分钟，直播过程中主播可以利用动作和口号等方式再一次强化观众的记忆，例如李佳琦的"Oh my god!""买它"等口头禅。

其次，直播间的场景和道具也是强化记忆的重要元素之一。用户进入直播间，首先看到的是整体的环境场景和道具,有特色的场景和道具能强化用户的记忆,例如,当主播的人设为阅读推广人时,不妨在书房设立直播间。主播一旦确立了人设就不要随意更改,也不要盲目跟风追寻热点,只有长期坚持,持续产出与人设高度一致的内容,不断强化粉丝对主播的印象,才能在粉丝心中建立起清晰的形象,从而形成牢固的粉丝关系。

(四)个人IP

"个人IP"也就是个人品牌,是一种无形资产。在市场营销学的定义中,个人品牌是指个人向用户长期提供的一组特定的特点、利益和服务。打造个人IP就是将一个人自身特点(性格、形象、技能等)放大并标签化,再利用特定渠道推广宣传,让大众接受。拥有个人IP的主播更容易与用户产生连接、建立信任、带来溢价、产生增值。

例如,大家可能不清楚阿里巴巴有多少产业,但是都知道马云。马云不仅是阿里巴巴的创始者,更是阿里巴巴集团的一个大IP。很多人会因为信任马云、崇拜马云而支持阿里巴巴集团的服务与产品。

"口红一哥"李佳琦

李佳琦有着鲜明的"口红一哥"人设,他曾经1分钟售罄14000支口红,打破"30秒涂口红"的吉尼斯世界纪录,5个半小时带货353万元……很多消费者说,看李佳琦卖口红,事先并没有购物的打算,但是看了他的演示、听了他的讲解后,需求被激发出来,心甘情愿地下单购买。

口红本来是女性消费品,李佳琦作为男性,在直播间进行口红试色,打破了观众固有的认知,使观众印象深刻。他在短短1分钟左右的时间内,能用精准专业的词汇概括口红的色调、质感、上色度、使用场景等卖点,令观众折服。

除了用专业度建立起"口红一哥"的人设,李佳琦富有感染力、煽动性的语言也成为他人设的一部分,比如"Oh my god!""买它""好好看哦"等,这些口头禅强化了他的人设标签。

第二节　直播选品

产品是电商直播中最重要的内容。只有选择好了产品,直播才有成功的可能性。什么样的产品是有效的直播产品呢?那就是在符合直播平台规则的基础上,考虑选品定位和热销产品属性。

 选品规则

(一)直播平台限制推广的产品

有一些产品禁止在直播间播出,因此,主播在直播之前要先对平台限制推广的产品进行了解。

淘宝直播平台的限制推广产品主要是一些国家明令禁止的产品、虚拟产品、成人用品、二手闲置用品等,具体限制产品类目见淘宝网规则频道。

抖音平台的禁止分享产品有如下几类:(1)仿真枪、军警用品、危险武器类;(2)易燃易爆、有毒化学品、毒品类;(3)反动等破坏性信息类;(4)色情低俗、催情用品类;(5)涉及人身安全、隐私类;(6)药品、医疗器械、保健品类;(7)非法服务、票证类;(8)动植物、动植物器官及动物捕杀工具类;(9)涉及盗取等非法所得及非法用途软件、工具或设备类;(10)未经允许、违反国家行政法规或不适合交易的商品;(11)虚拟类;(12)舆情重点监控类;(13)不符合平台风格的商品。

(二)产品渠道合法正规

2019年11月,中国消费者协会通过互联网舆情监测系统发布的一份调查报告显示,对于网络购物,近六成消费者担心产品质量,超过四成消费者担心售后。因此,产品质量是直播选品的重中之重。

为确保产品和售后服务的质量，主播应该选择来自正规合法企业的产品。相关企业必须经国家备案（可以通过工商系统网站查询），并且没有违规记录，没有被列入黑名单。

二 选品定位

（一）与主播人设有关

直播的内容要与主播的人设或标题账号定位垂直，系统才会根据垂直内容贴上精准标签，并将直播推荐给精准的受众人群。假设主播是旅游达人，他（她）进行直播带货的商品就应该尽量选择旅游类产品，一方面是因为主播对产品的熟悉度高、专业性强，另一方面也符合粉丝对直播的预期，有助于增加商品销量，提升转化率。

（二）与粉丝需求有关

主播可借助数据分析工具来分析用户的属性与需求，例如粉丝的年龄层次、地域分布、性别比例等，通过粉丝画像明确粉丝需求，并根据需求及时调整或补充商品品类。

例如，淘宝主播可以通过阿里创作平台的"用户分析"功能，了解粉丝的具体数据，分析粉丝的需求，并根据粉丝需求进行选品。在"用户分析"的几个数据中，基础特征数据显示粉丝的性别和年龄概况（图2-2-1），地域分布显示粉丝的地域分布情况（图2-2-2），人生经历显示粉丝的职业和学历情况（图2-2-3），消费偏好显示粉丝的消费层级和兴趣爱好（图2-2-4）。

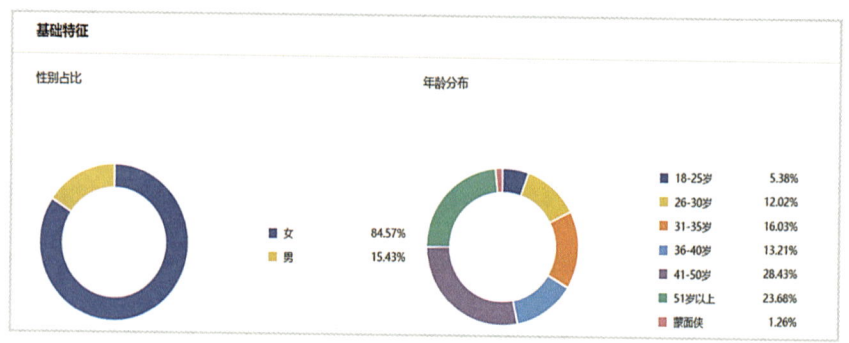

图2-2-1　粉丝基础特征数据

地域分布

地域（市）

排名	城市	占比
1	金华市	11.64%
2	上海市	10.75%
3	杭州市	6.87%
4	北京市	6.87%
5	深圳市	4.18%
6	苏州市	2.99%
7	宁波市	2.99%
8	西安市	2.69%
9	广州市	2.69%
10	武汉市	2.09%

地域（省）

排名	省份	占比
1	浙江省	21.99%
2	江苏省	9.22%
3	广东省	8.51%
4	上海	8.51%
5	北京	5.44%
6	山东省	4.96%
7	四川省	4.02%
8	陕西省	3.55%
9	河北省	3.31%
10	河南省	3.07%

图2-2-2　粉丝地域分布数据

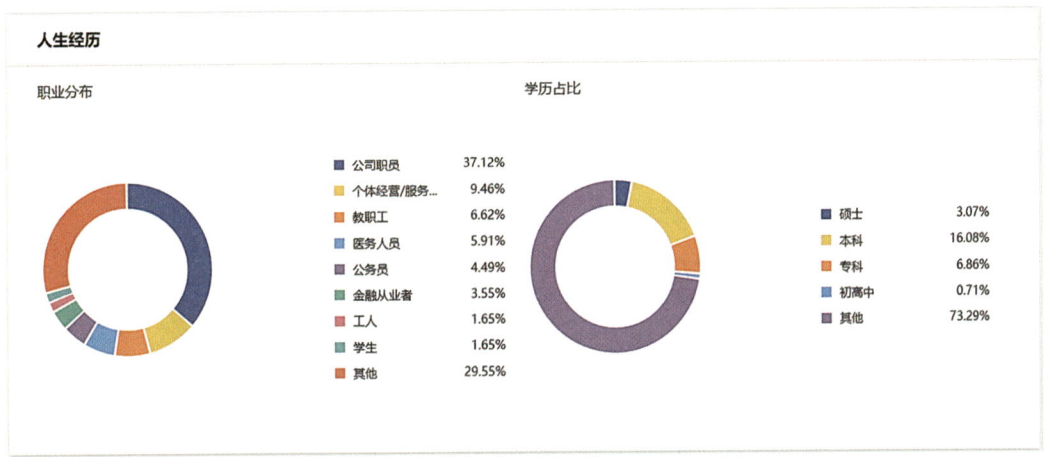

图2-2-3　粉丝人生经历数据

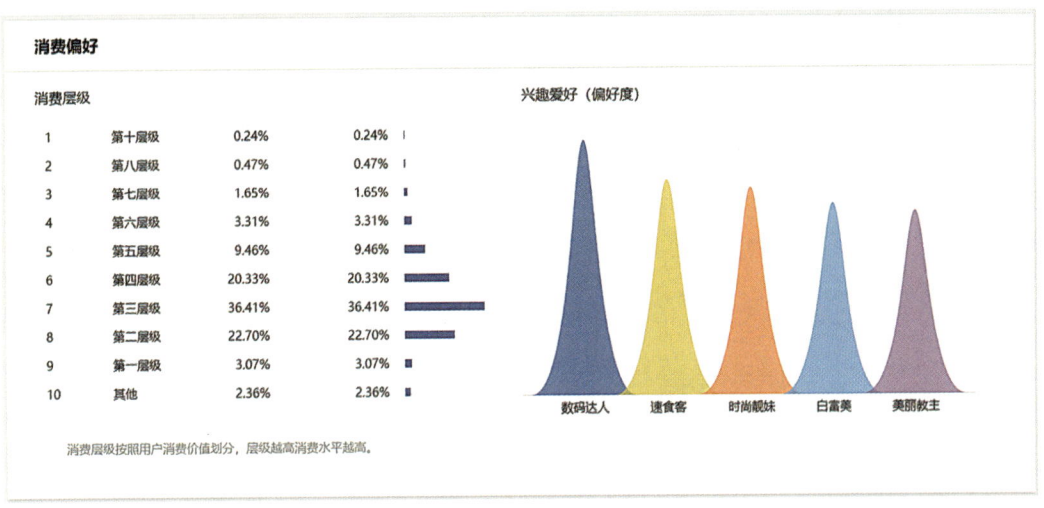

图2-2-4　粉丝消费偏好数据

（三）与热度有关

主播可以根据季节、时令、热点等信息选择产品，例如中秋节前卖月饼、平安夜前卖苹果、开学季卖文具等。也可以从其他网红、明星带火的商品中进行选择，如网红饰品、网红零食等。这些商品具有较高的关注度与话题性，能在直播间引起热烈讨论，从而提升直播间热度。

获取热点的途径有很多，主播可以利用平台数据寻找热点，例如：可以通过阿里创作平台的"创意中心"，了解粉丝关注的热点，如图2-2-5所示；也可以通过站外的搜索引擎或者社交平台获取热点信息，分析其关联产品，如百度风云榜（图2-2-6）和微博热搜（图2-2-7）。

图2-2-5　阿里创作平台的粉丝热点

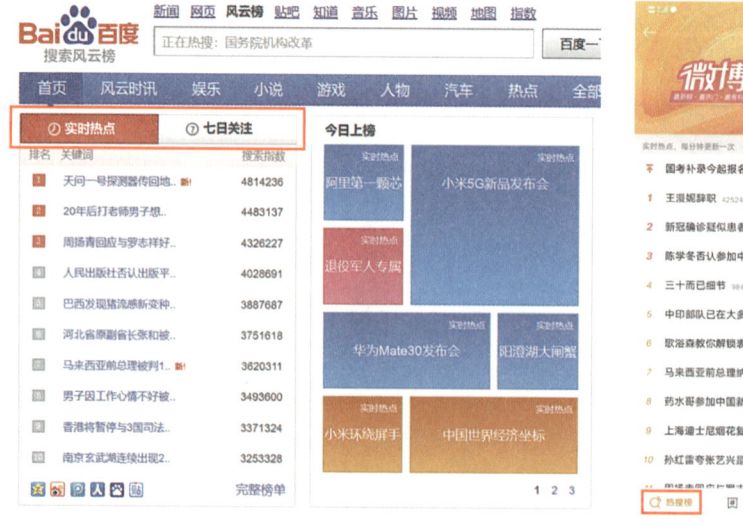

图2-2-6　百度风云榜　　　　　　　图2-2-7　微博热搜

(四)与竞争对手有关

选品前主播要分析竞争对手的情况,包括产品数量与规模、产品价格对比、产品分布与构成、竞争对手的优缺点及营销策略,只有这样才能让粉丝在自己的直播间买到独一无二、极具性价比的商品。

热销产品属性

(一)亲身体验

亲身体验是了解一款产品是否优质、是否适合自己粉丝的最好办法。只有经过亲身体验,主播才能了解一款产品有哪些特性,应如何使用、如何推销。例如销售一款零食,主播事先要了解这款零食适合什么人群、食用感受、食用方法等,以及粉丝有哪些需求,这款零食能否满足他们的需求。只有结合实际使用感受,主播向用户推荐时才更具有说服力。

(二)产品销量

产品销量可以体现市场需求量的大小。在直播初期,主播可以选择一些销量好的产品,不仅有助于提高直播间的转化率,而且可以建立用户对主播的信任,积累口碑。

(三)产品评价

用户会通过直播间的链接跳转到产品详情页,获取更多产品信息。产品详情页的买家评价直接关系到用户能否下单,因此,主播在选品时也要考虑产品详情页的现有评价,推荐差评多的产品不仅影响下单率,还会对主播的可信度带来负面影响。

(四)店铺要求

除了考虑产品因素,选品的时候主播对店铺也要进行考量。尤其是没有店铺的达人主播,更需要站在用户的角度去把控产品,为用户挑选可靠的、信誉好的店铺。首先是店铺类型,首选天猫店或者企业店,因为这类店铺入驻门槛高,平台约束多,能够提供比较好的保障与服务。如果产品来自淘宝店，主播应考察其累计信誉、动态评分等指标，优先选择DSR三项飘红的店铺[①]，如图2-2-8所示。

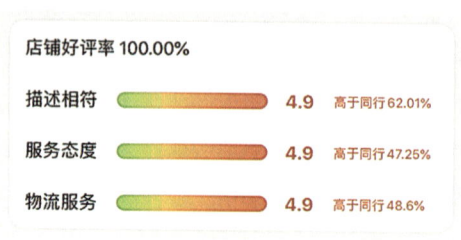

图2-2-8　DSR三项飘红示例

（五）产品佣金

主播在直播间销售出去产品可以获得一定比例的佣金。卖家会根据自己的推广计划，给产品设置不同比例的佣金。随着各个电商平台的快速发展，卖家数量越来越多，同质化的产品也逐渐增多。当一种产品在多个店铺销售的时候，主播挑选产品时可以选择佣金更高的店铺。淘宝平台的主播可以通过淘宝联盟（图2-2-9）了解产品佣金和优惠信息，选择合适的直播产品。抖音平台的主播可以通过精选联盟平台，了解相关产品信息和佣金情况。

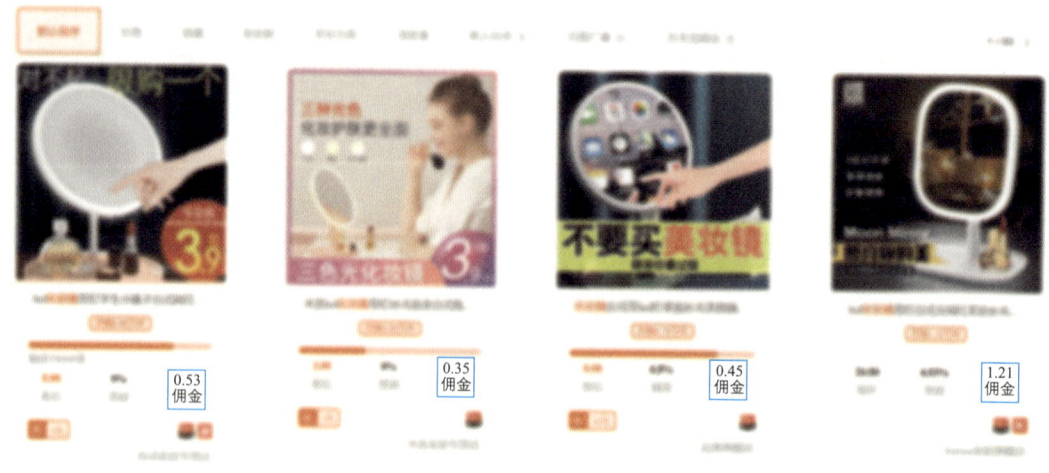

图2-2-9　淘宝联盟推广产品的佣金对比

[①] 在淘宝平台上，DSR动态评分是每个店铺的标配，包括三项内容：描述相符、服务态度、物流服务，每一项最高是5分。计算规则是基于本类目所有卖家同行的平均分，DSR评分高于这个平均分，即飘红，低于平均分，即飘绿。DSR评分会影响店铺的权重和转化率。

相关案例

薇娅直播间选品案例

图2-2-10 全国青联委员、淘宝超人气主播薇娅

"薇娅魅力中国行"项目是全球好物推荐官薇娅(图2-2-10),借助电商直播的力量及自身影响力,带领团队走向全国各地进行溯源直播,也是薇娅电商扶贫中的重要IP。通过创新电商直播"以买代捐"的方式,对产品赋能,实现产业升级,从而助力当地脱贫攻坚。目前,"薇娅魅力中国行"的足迹已经遍布云南、安徽、湖南、青海、河南、黑龙江、湖北、陕西、贵州9个省份,引导成交额累计超过了3.48亿元,公益引导成交额超过2.64亿元(截至2020年7月),近一年扶贫公益直播累计引导成交额5亿元左右。

说起"薇娅魅力中国行",那一定离不开一个产品——砀山梨膏,这个原本在线下销量有限的产品,经过薇娅团队的赋能,实现产业化升级,成为薇娅直播间里的一个爆款产品,为促进当地经济增长做出了重要贡献。其实刚刚接洽的时候,当地想要推的是鲜梨,但是水果的保质期较短,运输成本较高,而且难以在短时间内形成品牌效应,面对这样的实际情况,薇娅团队秉承对粉丝负责任的初心,拒绝了这个提议。鲜梨不能卖,就只能寻找它的替代品,薇娅和团队深入当地实地考察,发现当地有一项制作梨膏的传统手艺,但因为线下销售模式单一,没有形成产业链。薇娅团队迅速和当地政府沟通,愿意协助他们完成产业链的整合、优化和升级,并且借助电商平台推广形成品牌,为当地带来长期的收益,实现从生产到销售、售后的商业闭环。

为了帮助产业顺利转型,实现从线下到线上的跨越,薇娅团队从以下三点出发对产品进行重新设计。

1. 小瓶贮存

在此之前,砀山梨膏通常用大玻璃瓶贮存,这种贮存方式并不适合线上销售，大体积的玻璃瓶不仅增加了运输的难度，还会让那些想体验产品好坏的消费者产生担忧，万一产品质量不好，买这么大一瓶岂不是花了冤枉钱？因此，薇娅团队从消费者的角度出发，在沿用玻璃瓶贮存的基础上，采用小瓶贮存，这样不仅解决了运输问题，也让初次购买的消费者有了良好的购买体验。

2. 包装全面升级，吸引年轻消费群体

因为一直沿袭传统工艺，梨膏在外部包装上没有跟上时代潮流。而网络消费者以年轻用户为主，如果没有年轻化的包装，就很难抓住消费者的眼球。因此，薇娅团队对外部包装做了全面升级，在保留传统工艺特色的基础上，增加现代化的元素，将两者有效结合，形成偏年轻化的包装，吸引年轻消费群体，从而打开市场。

3. 推出旅行包装，便于携带

梨膏采用玻璃瓶贮存，而玻璃瓶较重，不方便携带，特别是对于经常出差的商旅人士而言。为了满足这类消费群体的需求，薇娅团队与企业一起推出梨膏便携行，一盒重量仅有192克，每盒内有单独的12条，携带方便，能够让商旅人士在各个场景享用。

以这三点为核心，薇娅团队对产品不断升级，并通过直播间对产品赋能，打通从生产到销售再到售后的链路，最终形成一个完整的商业闭环模式，使安徽砀山梨膏成为薇娅直播间的一个爆款产品。通过后续的深度合作，薇娅把砀山县的梨膏卖向了全中国及至全世界，不但单日直播销量达到9万件，而且做到了同类目产品的销量前五。不仅如此，后来砀山县借助电商扶贫的新模式，形成了以梨膏为首的完整产业链，切实提高了当地居民的收入。

第三节　直播间场景打造

电商直播以带货为主,装修专业的直播间可以提供给观众愉悦的观看体验,体现商家(主播)的专业性,吸引用户停留,是促进成交的关键第一步。

一　装修方案制订

(一)制订前期规划

直播间的前期规划包括场地面积和装修成本两个方面。

直播间场地面积规划是极其重要的,面积太小有些品类施展不开,面积太大会产生浪费。同样的面积,如果规划不合理,直播间个数会变少,对直播服务商和MCN机构来说这一点尤为重要。当然,面积与直播品类有关,举例来说,一般服装行业的直播场地面积至少要15m^2,要留够主播换衣服的区域和大量展示服装的挂衣区;美妆行业的主播大多采用坐姿直播,直播间面积5m^2左右就足够了。

装修成本包括设计、硬装(隔音和吸声处理、电路改造及灯具照明、安防、空调、消防等)、软装等费用,价格与面积大小、装修档次有关,商家在装修前可以根据需求和预算进行规划。

(二)确定装修风格

直播间风格和背景样式的选择性很大,装修风格可根据产品、品牌调性、主播人设等来定制化设计。直播间的背景可以使用有造型的背景墙、窗帘、墙纸等,装修的风格应根据主播的人设定位来设计,如图2-3-1所示。如果主播和产品是可爱风格的,可以大胆使用少女粉、香芋紫等色调;如果主播是成熟稳重风格的,粉丝的年龄以30岁以上偏多，则建议尽量选择纯色的背景。如果想降低成本，只需要对直播间镜头看得到的画面背景进行装修，不用将整个场地都装修得很漂亮。

有造型的背景墙　　　　　用窗帘作为背景　　　　　少女粉色调的背景

图2-3-1　直播间背景示例

（三）规划场地空间

在直播间场地空间规划方面，首先考虑货品的陈列、设备的位置、场控的工位这几个要素。货品的陈列要符合主播的习惯，同时也要考虑产品的特性，有些可以用货架，有些则要用挂钩，能上墙的建议多上墙，会使直播间显得整洁一些。最重要的是要遵循互不干扰的原则，否则拿取产品时容易拿错或多花时间。再就是考虑设备的位置，光源、摄像机、麦克风等首次摆放定位前要进行测试，距离定好后做好记号，最好不要随意变动。除了主播之外，直播间还有后台人员如助理、场控等，也要安排出他们的空间。

（四）规划环境灯光

在直播间的环境中，灯光的地位举足轻重。环境灯光用于突出主播和产品，通常使用一盏主灯、两盏辅灯即可。当然，顶部光源也不能太黑，最省钱的方法就是用T8灯管铺满后做软膜天花。有些情况下还需要增加其他灯，比如美妆类直播，由于镜头离主播的脸比较近，可以在摄像头后方增加一个柔光镜。

二 装修方案实施

（一）隔音

空旷的房间是不适合直播的，选择一个安静、封闭、独立的空间是直播间装修的第一步。场地的选择因人而异，尽量避免有过多外部噪音的影响，例如沿街店面就不适合做直播间，外面嘈杂的声音会影响主播的带货节奏。如果一开始隔墙的时候意识到这个问题，可以在两层薄砖之间增加2cm左右厚度的泡沫隔板，也可以用玻璃满铺来进行隔音基层处理，表层再贴吸音棉或者其他吸音材料。专业的直播间还可以铺设地毯。

（二）背景

好的直播背景可以增强品牌的信任度。如果装修方案比较简单，可以将墙面刷墙漆并贴上logo作为背景，或者用墙纸作为背景；如果对直播间要求比较高，可以用石膏板做造型后再刷漆作为背景。不建议用白墙作为背景，因为聚焦、白平衡等都不好调节。全黑的背景也不建议使用，因为很容易造成镜头忽明忽暗。虚拟背景在网速强大、设备性能高的情况下可以优先考虑。

1. 墙纸（背景布）

墙纸的选择与主播所卖的产品有关，现在主流的选择是纯色或者偏简约的北欧风格，方便后期进一步装饰。背景里可以加一些高档的家具或者墙饰，绿植也是不错的选择。

墙纸的专业叫法是背景纸，本书推荐使用广告背景布（图2-3-2），不仅选择的空间大、图案多，还可以定制，但一定要选亚光材质，否则灯光一照就会严重反光。

广告背景布的材质有很多种，如520、550喷绘灯布，室内（室外）写真布，油画布，PP背胶等，

图2-3-2　广告背景布

其中使用较多的是写真布。

如果直播的时候需要在背景上展示活动内容，或者展示直播间的品牌logo，可以定制广告背景布，520喷绘灯布每平方米只需几元钱，好一点的写真布10元/m²左右。

除了广告背景，需要使用虚拟背景的时候可以选择纯色背景布，纯色背景布一般会使用涤棉混纺，这种类型的背景布不透光、不反光，适合拍照和抠图。

如果要避免吸光，让直播画面更纯净、主播和产品更突出，应选择纯色的植绒背景布。但这种背景布也有不足之处，就是容易沾灰尘，因此，需要准备一卷可撕粘尘纸，时常打理。

2. 背景布支架

有了背景布之后，还需要购买相应尺寸的支架将背景布挂起来。使用支架的好处很多，首先是不受空间墙体设计的影响，其次是可以随时移动。

背景布支架与其他设备支架不同，是单独用来挂背景的，所以选择的时候要考虑空间位置是否足够摆放，毕竟除此之外，整个直播间里还有手机/摄像机支架、灯具支架、反光板支架、货物架等。

常见的背景布支架分为T形、双杆、电动三种（图2-3-3），如果背景布的尺寸不是很大，用T形支架就足够了。市面上最大的T形支架能够挂2.6m宽、2m高的背景布，可以覆盖一张桌子，足够主播和助理两个人用，但缺点是越大越容易晃动，通过靠墙摆放或者增加负重块可以解决这一问题。尺寸比较大的背景布建议使用双杆支架。这两种支架悬挂背景布时都要用大力夹固定，所以直播间需要多准备几个备用。影楼使用的电动背景架可以随时随地遥控更换，呈现多个背景，很方便，也有直播间使用。

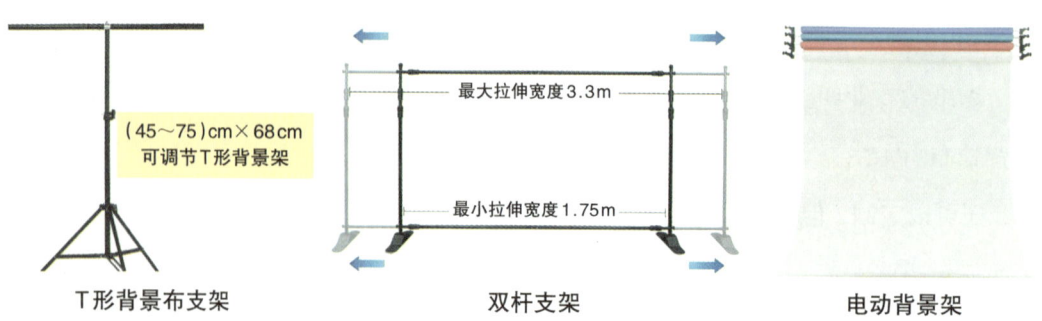

图2-3-3　常见的背景布支架类型

3. 装饰点缀

摆放装饰物是提高背景档次的好方法。如果直播空间很大，为了避免直播间显得过于空旷，可以适当地丰富直播背景，例如放一些室内盆栽、玩偶。很多直播间也会制作贴片图来进行后期修饰。

装饰点缀主要取决于直播间要渲染什么氛围，大促、假期、店庆都可以根据具体情况进行装饰。如果是节假日，可以适当地布置一些有节日气息的东西，以此来吸引观众的目光，提升直播间人气。如果背景墙或者墙纸风格不适合直播，可以用置物架来调节。例如，在背景中的置物架上放一些体现主播风格和品位的书籍等，可以参考樊登读书等账号的直播场景布置。

直播间背景的打造

美妆个护类产品的直播间镜头拉得比较近，场景相对来说较小。可以采用背景布进行布景，成本比较低（图2-3-4）。如果要彰显品牌调性，增强直播间转粉效果，延长观众停留时间，增强产品"种草"效果，打造极致品宣窗口，可以考虑使用电子/LED/电视背景。

家电类产品的直播间镜头拉得比较远，场景相对来说较大，而且产品使用的场景比较明确，直播间背景可以按照使用场景来打造。把直播间搬到"家"中，场景化直播，增强粉丝带入性和产品"种草"效果（图2-3-5）。

图2-3-4　美妆个护类直播间背景示例　　　图2-3-5　家电类产品直播间背景示例

(三)灯光

直播间常用的灯有长形LED灯、美颜灯、射灯、球形补光灯(图2-3-6),不同的组合可以产生不同的效果。直播间常用的灯光有:主光、辅助光、轮廓光、顶光和背景光。

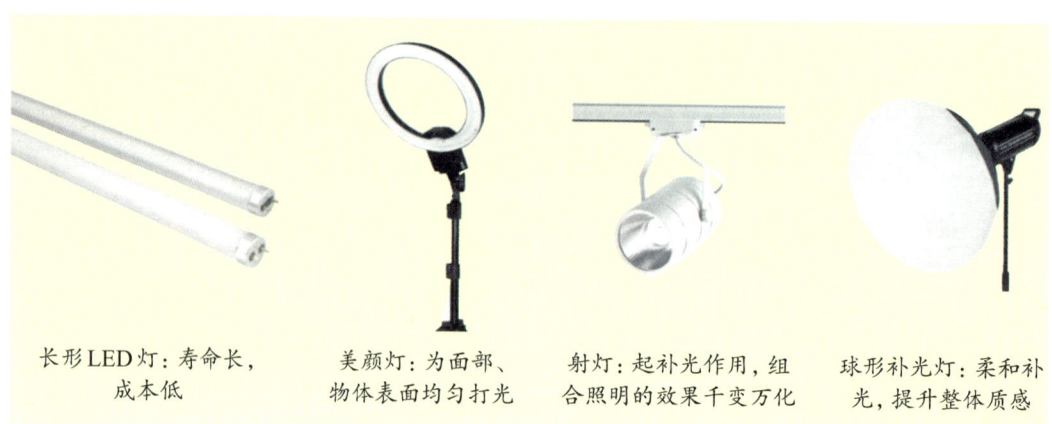

长形LED灯:寿命长,成本低　　美颜灯:为面部、物体表面均匀打光　　射灯:起补光作用,组合照明的效果千变万化　　球形补光灯:柔和补光,提升整体质感

图2-3-6　直播间常用灯的类型

最简单的打灯方法是在直播间的两边各放两条灯管,直播间顶部也可以加两条;射灯根据主播的身高、肤色进行补光,打脸部、地面和背景,如图2-3-7所示。

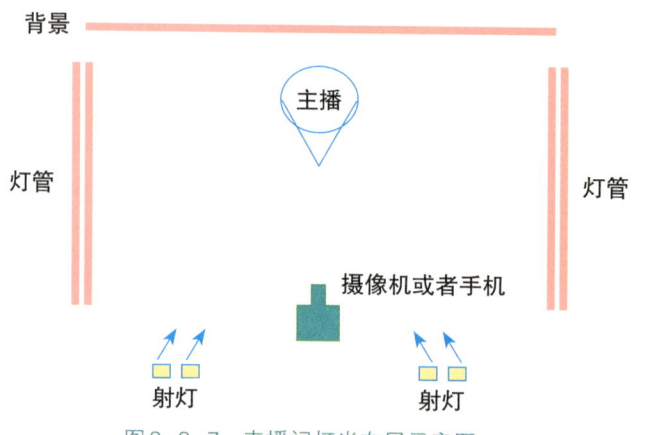

图2-3-7　直播间灯光布局示意图

1. 主光

主光承担着主要的照明作用,可以使主播脸部受光匀称,是灯光美颜的第一步。主光灯建议放置在主播的正面,与摄像头的镜头光轴成0~15°夹角。从正面照射的光充足均匀,使主播脸部柔和,达到美白的效果。建议使用球形灯,因为球形灯打出来的光非常

柔和，最好是显色度96%以上的球形灯。常用主光灯如图2-3-8所示，主光灯布置实景如图2-3-9所示。

图2-3-8　主光灯

图2-3-9　主光灯布置实景

另外还要注意光源的色温（图2-3-10），不同的色温所营造的氛围不同，适合不同的产品。例如：暖黄光比较适合家庭、酒店、咖啡馆等温馨环境，可以用来直播家居用品、床上用品等；正白光如同中午的太阳光，有较高的流明和显色性，可以用来直播家电、饰品等产品。

图2-3-10　光源的色温

但是，光从正面照射会使全脸看上去没有立体感和层次感，还需要增加辅助光。

2. 辅助光

辅助光用于辅助主光，增加面部整体立体感，起到突出侧面轮廓的作用。左前方45°打辅助光可以使面部轮廓产生阴影，塑造脸部立体感；右后方45°打辅助光可以使面部偏后侧轮廓被打亮，与前侧的光产生强烈反差。

使用辅助光的时候，要注意避免光线太暗或太亮的情况，光度不能强于主光，不能干扰主光正常的光线效果，而且不能产生光线投影。辅助光的常见类型有射灯（图2-3-11）、壁灯等，射灯实景如图2-3-12所示。

图2-3-11　辅助光灯　　　　　　　　图2-3-12　直播间顶部射灯实景

3. 轮廓光

轮廓光又称逆光，在主播的身后位置放置，可以勾勒出主播的轮廓，将主播从直播间背景中"分离"出来，起到突出主体的作用。使用过程中一定要注意光线亮度的调节，如果光线过亮会造成主播背后出现"佛光普照"的效果。

4. 顶光

顶光是次于主光的光源，从头顶位置照射，给背景和地面增加照明，也能让主播的颧骨、下巴、鼻子等部位的阴影拉长，从视觉上拉长脸部轮廓，达到"瘦脸"效果。需要注意的是，顶光的光源位置距离主播不宜超过2m。直播间顶光实景如图2-3-13所示。

图2-3-13　直播间顶光实景

5. 背景光

背景光又称为环境光，主要作为背景照明，使直播间各个位置的照度①都尽可能统一，起到让室内光线均匀的作用，最好是在直播间顶部布满。需要注意的是，背景光的设置要尽可能简单，切忌喧宾夺主。背景光还可以使主播在美颜的同时保留直播间的完美背景。背景光一般采取低光亮、多光源的布置方法。直播间背景光实景如图2-3-14所示。

图2-3-14 直播间背景光实景

6. 常用布光方法

科学合理的布光能让直播环境更加柔和温暖，也能让主播的颜值上升，不同的灯光效果还能打造不同的直播风格。调试灯光是一个复杂且烦琐的过程，主播要细心观察、耐心琢磨，找到最适合自己直播间的布光方法。常用的布光方法有：

（1）立体轮廓法。

对于想要增加轮廓立体度的主播，可以从主播头顶左右两侧45°向下打光。在调试灯光的过程中，主播可以看到自己的眼睛下方出现一块明亮的三角形光斑，这种布光方法叫作伦勃朗布光法。优点是可以突出鼻子的立体感，强化主播的脸部骨骼结构。

（2）蝴蝶光瘦脸法。

如果想让脸看起来更小，可以使用顶光布光法。方法是在主播头顶偏前的位置布置光源，使用较多的是金贝常亮摄影灯，这种布光方法会让主播的颧骨、嘴角和鼻子等部位的阴影拉长，从而拉长脸部轮廓，达到瘦脸效果。这种方法不适合脸形较长的主播。

（四）贴片

用户进入直播间的时候经常会看到一些浮窗，上面展示了直播间的活动和高频问题

---

① 照度指照射在单位面积上的光通量，用于指示光照的强弱和物体表面积被照明的程度。与亮度不同，照度与被照物体无关，表示的是单位面积内获得光的多少，而亮度表示的是单位面积内看上去有多亮。

的解答,如图2-3-15所示。贴片上的信息不仅可以吸引消费者在直播间逗留,延长停留时间,还可以引导消费者自主下单,提高直播转化率。

贴片目前分两种类型,一种是自定义图片(美工自己制作的图片素材),另一种是直播主题活动要求的图片(活动招商帖中一般会提供图片素材)。

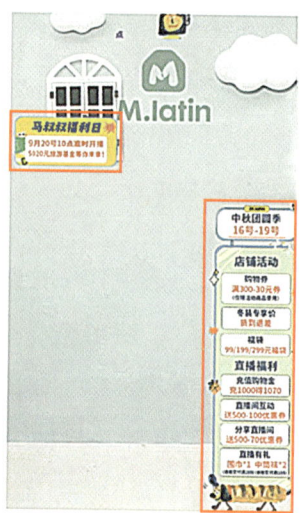

图2-3-15　贴片效果展示

相关案例

直播间场景打造案例

1.灯光

顶部灯光使用了T8灯管,将1.2m长的灯管串联后排布,如图2-3-16所示。另外安装了2~3盏射灯,聚焦产品展示区域。

图2-3-16　顶灯实拍图　　　　图2-3-17　补光灯实拍图

另外，为了更好地打轮廓光和面光，主播面前要增加常亮摄影灯或者环形补光灯，如图2-3-17所示，摄影灯需加柔光罩或柔光伞。最后还需要通过摄像头的亮度、对比度、白平衡调解工具进行调整，达到完美效果。

2.背景墙

首先，根据品牌调性和产品元素设计背景墙的平面图（图2-3-18），再用CAD绘制效果图（图2-3-19），在图纸上标注材料、颜色RGB数值等，如果有潘通色卡可以把色号标注上去，方便调色。

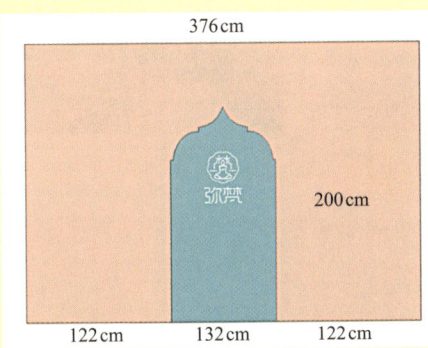

图2-3-18　背景墙平面设计图

图2-3-19　背景墙立体效果图

有凹凸造型的背景墙可以用木工板、石膏板制作，再上色。logo部分如果要呈现发光的效果，需要预埋电线。logo通常采用雪弗板制作，如果对厚度有要求可将雪弗板多层叠加。

提示：实际施工的时候，应再次取景来确定logo的安装高度。预留的插座最好不入镜。

图2-3-20　背景墙完工后的实拍图

背景墙完工后的实拍图如图2-3-20所示。

3.货品收纳

直播间的货品收纳要遵循尽量不落地的原则，商家（主播）可根据商品的大小选用合适的货架，有些产品也可以直接挂在墙上，货架绝对不能入镜。货品摆放的时候，要尽量做到互不干扰，如图2-3-21所示。直播间工作人员每天都要做好归位、整理、清洁样品和直播场地的工作。

图2-3-21　货品置物架

服饰类产品可以采用带轮子、可移动的服装展示架。如果直播间面积小的话，可以采用上墙的置物架，如图2-3-22所示。

图2-3-22　上墙置物架　　　　图2-3-23　化妆台

4.化妆台

直播间可以预留一个固定的化妆区域，方便主播补妆，如图2-3-23所示。

5. 备用机位

如果公司为主播准备了直播备用机，那么应该设计一个固定的收纳位，并且可以充电。主播上播的时候自己的手机就可以放在备用机位，不带入直播间。

6. 直播间门窗

所有的直播间都建议增加透明观察窗，如图2-3-24所示，方便工作人员在外面掌握直播间的情况，避免频繁开门。在门背后还可以加一个挂件，方便主播挂包包、衣服、工牌等。

7. 场景布置

最后用图2-3-25来总结一下直播间的场景布置，不同的直播间需要根据实际情况来设计和规划。

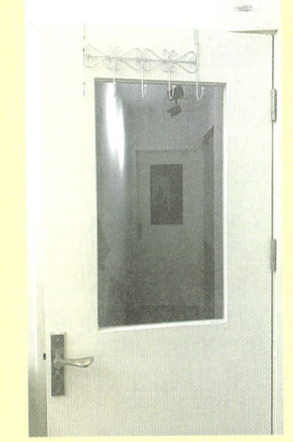

图2-3-24 直播间门窗

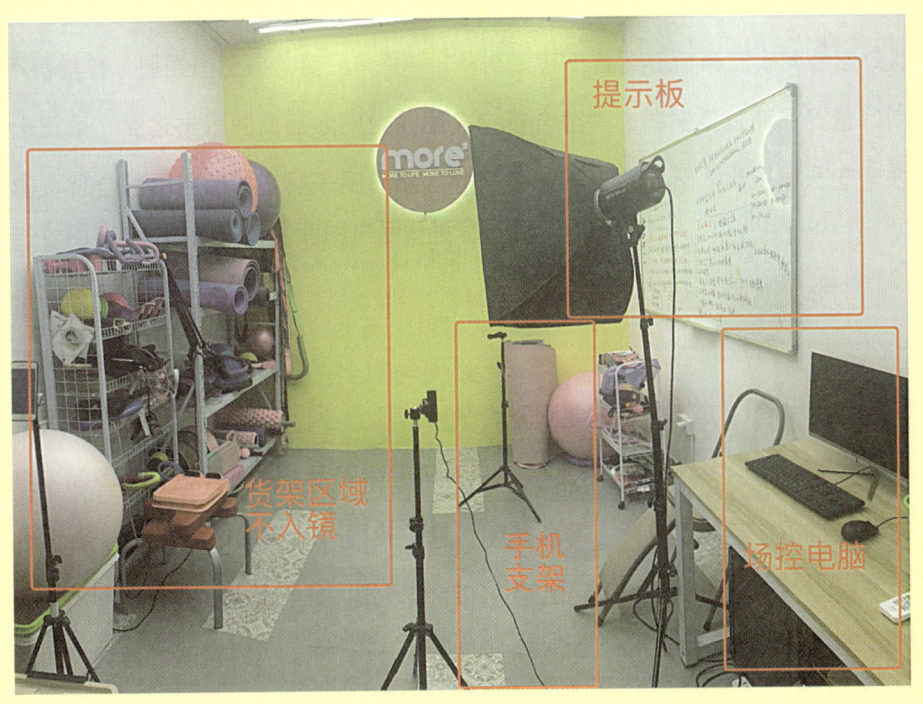

图2-3-25 直播间的场景布置示例

第四节　熟悉直播规则

一、淘宝直播规则

（一）淘宝直播封面规范

直播封面图是用户接触直播的第一个环节，可以彰显直播间特色、吸引用户点击，一张好的封面图对于电商直播来说非常重要，应具备以下特点：

（1）主题明确：封面图应展现该场直播的主题，符合所在频道的定位。

（2）图片美观：使用清晰明亮的实拍图，构图合理，如果出现主播，则主播的举止应令人感觉舒适。

（3）个性化：可以使用主播试用商品的图片，使封面图与众不同。

制作封面图时，要避免出现过分修图、光线过暗、画面模糊、有明显色差、拉伸变形等情况，还应注意以下问题：

（1）不宜使用漫画、插画、素材图等作为封面图。

（2）不宜使用拼接图片作为封面图。

（3）图片中不宜出现表情包。

（4）不宜在图片上压字。

（5）图片上不宜出现播放器的标志或者有水印。

（6）内衣等产品的封面图不宜出现人物或模特。

（7）如果直播间无明星参与直播，不可使用明星作为封面图；如果直播间有明星参与直播，可以使用明星封面图但必须提供相关的肖像使用授权文件等信息。

（8）不宜使用过于密集、容易令人产生不适的图片。

（9）不宜使用与自然现象不符的图片。

(二)内容创作者管理规则

使用阿里创作平台及淘宝直播平台(以下简称"平台")的服务发布内容、进行信息推广的用户(包括淘宝平台卖家、淘宝达人等),统称"内容创作者"(以下简称"创作者")。

创作者可通过平台发布文字、图片、音视频、表演(直播)等内容,这些内容可在淘宝平台各站内渠道(包括创作者个人主页、微淘、淘宝头条、有好货、每日好店、哇哦视频、淘宝直播等)及淘宝合作的第三方站点进行展示。

符合条件的淘宝平台会员(含个人、企业)可入驻阿里创作平台成为达人以开展内容创作、信息发布和推广活动,满足相应条件的达人还可入驻淘宝直播平台成为达人主播。商家可以开通阿里创作平台及淘宝直播平台功能以推广自己店铺的商品,如果要推广其他商家的商品,则需满足达人相应准入条件并完成相应认证流程。

1. 达人

如入驻阿里创作平台成为达人(可推广他人商品),须满足:

(1)如为个人,须完成支付宝个人实名认证,且年满18周岁(同一身份信息下只能允许1个淘宝账户入驻)。

(2)如为企业,须完成支付宝企业实名认证(同一营业执照下允许不超过10个淘宝账户入驻)。

(3)如淘宝平台卖家申请成为达人,须同时满足:本自然年度内不存在出售假冒商品的违规行为;具有一定的店铺运营能力和客户服务能力。

(4)经淘宝平台排查认定,该账户及其实际控制人的淘宝平台账户未被淘宝平台处以特定严重违规行为处罚,或未发生过严重危及交易安全的情形。

如入驻淘宝直播平台成为达人主播,除上述条件外,还须满足:

(5)达人账户状态正常。

(6)根据平台要求完成认证。

(7)具备一定的主播素质和能力。

不满足准入要求,或市场管理与违规处理达到清退情形的,立即清退。清退后如满足准入要求可再次提交准入。

2. 商家

如入驻阿里创作平台成为商家（仅限推广自身商品），须满足：

（1）在淘宝平台开设店铺，且店铺状态正常。

如入驻淘宝直播平台成为商家主播，除上述条件外，还须满足：

（2）根据平台要求完成认证。

（3）店铺具备一定综合竞争力。

（4）具备一定的主播素质和能力。

（5）近30天店铺DSR评分三项均不低于4.5分。

（6）近30天内店铺纠纷退款率不超过店铺所在主营类目纠纷退款率均值的5倍，或纠纷退款笔数不超过5笔。

（7）近30天内店铺品质退款率不超过店铺所在主营类目品质退款率均值的3倍，或品质退款笔数不超过5笔。

（8）淘宝网个人店铺卖家，还须符合：

①店铺信用等级为1钻及以上。

②主营类目在线商品数至少5个，且近30天店铺销量至少3个，近90天店铺成交金额至少1000元。

③符合《淘宝网营销活动规则》。

④本自然年度内不存在出售假冒商品的违规行为。

⑤本自然年度内未因发布违禁信息或假冒材质成分的严重违规行为扣分满6分及6分以上。

（9）对卖家准入有特殊要求的，从其规定。

不满足准入要求中的（2）（3）（4）（8）（9）或市场管理与违规处理达到清退情形的，立即清退。清退后如满足准入要求可再次提交准入。

（三）公域展示要求

公域展示是指创作者生产的图文或短视频内容在淘宝头条、微淘（推荐）、有好货、哇哦视频、首页垂直频道等淘宝平台定性为公域的内容渠道展示。要使内容在公域展现，创作者及内容须满足以下条件：

1. 对创作者的要求

如为达人，其创作者身份未因特定严重违规被处罚。

如为商家，须同时满足：

（1）如为淘宝网卖家须符合《淘宝网营销活动规则》，如为天猫商家须符合《天猫商家营销准入基础规则》。

（2）其创作者身份未因特定严重违规被处罚。

2. 对内容的要求

（1）内容推广的商品如为淘宝网卖家商品须满足《淘宝网营销活动规则》，如为天猫商家商品须满足《天猫商家营销准入基础规则》。

（2）满足各站内渠道的其他内容要求。

如不再满足上述条件，平白将会取消其内容的公域展示。

(四) 浮现权规则

浮现权为淘宝直播平台赋予创作者的，将其发布的直播内容优先展示在淘宝直播频道的权利。如果主播满足以下条件，平台可择优开放浮现权：

（1）主播成长等级达到"等级2"。

（2）如为商家主播，淘宝网卖家还须符合《淘宝网营销活动规则》，天猫商家还须符合《天猫商家营销准入基础规则》。

（3）近30天创作者利用直播方式推广的商品纠纷退款笔数不超过5笔。

（4）近30天创作者利用直播方式推广的商品品质退款率不得超过所有以直播方式推广商品的品质退款率均值。

（5）保持稳定的开播频次，持续推广优质的商品，持续生产优质的直播内容，如不再满足该条件，平台将会收回其浮现权。

(五)违规处理

创作者的违规处理原则与程序遵从《淘宝网市场管理与违规处理规范》的相关规定。

内容创作者违规行为分为一般违规行为(简称为"A类违规")、严重违规行为(简称为"B类违规")及推广假冒商品行为(简称为"C类违规"),三者独立扣分,分别累计,分别执行。

(1)一般违规行为是指除推广假冒商品行为和严重违规行为外的违规行为。

(2)严重违规行为是指推广假冒商品行为外,其他严重破坏平台运营秩序或涉嫌违反国家法律规定的行为。

(3)推广假冒商品行为是指推广假冒注册商标商品或盗版商品的行为。

1.扣分节点

(1)违规行为成立后,平台对创作者进行扣分。当扣分达到节点时,平台会对创作者采取相应的节点处理措施,详见表2-4-1。

表2-4-1 违规行为的扣分节点处理措施

违规行为类型	情节严重程度	处理措施
A类违规	每12分	限制图文、短视频、直播内容发布3天
B类违规	12分	限制图文、短视频、直播内容发布7天
	24分	限制图文、短视频、直播内容发布14天
	36分	限制图文、短视频、直播内容发布28天
	48分	清退创作者身份
C类违规	12分	限制图文、短视频、直播内容发布7天
	24分	限制图文、短视频、直播内容发布14天
	36分	限制图文、短视频、直播内容发布28天
	48分	清退创作者身份
创作者违规行为将作为其成长激励的重要考核指标		

(2)创作者因单次违规扣分较大,导致累计扣分满足多个节点处理条件的,或在违规处理期间又须执行同类节点处理的,以当前扣分分值执行节点处理措施。

（3）被执行节点处理的创作者，当其全部违规行为被纠正、违规处理期满、违规处理措施执行完毕后，方可恢复正常状态。

（4）创作者的违规扣分在每年的12月31日23时59分59秒清零。

创作者因推广假冒商品扣分累计达24分及以上的，该年不清零，以24分计入次年；次年新增推广假冒商品扣分未达24分的，违规扣分于该年12月31日23时59分59秒清零，累计扣分达48分及以上的，清退创作者身份。同时平台会对推广假冒商品实行"三振出局"制[①]。

"发布内容平台不允许发布的信息"的具体情形包括但不限于：

（1）未经许可，发布新闻、游戏、电影、电视剧、综艺节目、体育赛事、境外节目等。

（2）发布淘宝直播平台不允许发布的内容，包括但不限于：

①未经平台允许，推广淘宝直播平台限制推广的商品。

②多个创作者（主播）账号发布相同的直播内容。

③在直播的过程中空置镜头达15分钟以上。

（3）发布阿里创作平台不允许发布的内容，包括但不限于：

①未经平台允许，推广阿里创作平台限制推广的商品。

②未经平台允许，推广淘宝平台短视频限制推广的商品。

（4）发布违反阿里妈妈相关推广规范的内容，包括但不限于：

①违反淘宝客推广软件产品服务使用规范。

②未经平台允许，推广阿里妈妈禁止推广的商品。

2．常见违规场景

（1）穿着过于清凉、暴露。如：裸露、穿着暴露；喂奶；抽烟、血腥暴力场景。

（2）空播。如：不播放实际内容，只有空镜头。

（3）商品展示不规范。如：内衣穿在真人身上示范等。

（4）播放不宜播放的内容。如：播放电影、电视剧、新闻、体育赛事等，或者卖货的同时在直播间背景播放电视等。

[①] "三振出局"制：创作者每次推广假冒商品的行为记为"一振"，若同一创作者推广假冒商品累计达到"三振"，将被清退创作者身份（通过信息层面判断的违规行为3天内视为一次，记为"一振"）。

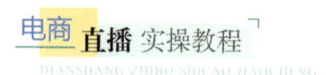

（5）引导线下交易。如：通过直播间展示或口播、客服等方式，发布外部链接或二维码，引导客户绕开平台交易流程，私下交易等。

（6）主播违规声明不退不换。如：除特殊类目且按规则达标的商品外，主播在直播间自行声明商品不退不换；或直播间宝贝链接的商品标题或详情标注不退不换等。

（7）盗版假冒商品。主播应该对所推荐的商品进行初步鉴别并承担相应责任，对于主播推广的商品明显涉及出售假冒、盗版商品，或为出售假冒盗版商品提供便利条件的，淘宝直播平台按照平台规则和相关法律规定予以严肃处理。

（8）专拍链接。如：直播间所售商品没有明确的商品详情页对商品性状、质量、参数进行准确描述，仅以秒杀链接、福袋链接、邮费链接甚至只是价格链接等不能说明商品特性的商品链接在直播间进行售卖；所售商品和宝贝链接的描述严重不符等。

（六）关于直播推广用语的提醒

1. 确保履行承诺

言必行，行必果，所有通过文案、直播标题或贴片文案，以及直播间口述等方式描述的优惠、让利、价格承诺、服务承诺、赠品等，务必保证"真实、准确、有效"，承诺的内容务必保证执行到位，不得欺骗、夸大、误导、诱骗用户。

2. 禁止虚假宣传

（1）虚假宣传常见案例：

①"直降千元"。"直降"是与本商品的活动前7天最低成交价做对比，直播推广的商品中，至少应存在一款商品，销售价格与前7天最低成交价之间的差价在1000元以上。

②"仅限今日""今日特惠""明天涨价""仅此一天""错过等一年""最后一波"等表述容易诱导消费者冲动消费，也缺乏相应的依据，虚假可能性极高，在直播过程中禁止使用。

③大促期间若需要使用"最后××小时""最后1天"等能够确切量化的词语，需要在文案中注明所描述的活动及活动周期。

（2）涉及数据的相关宣传需保证数据真实性、表达准确性并进行数据说明。数据应为真实数据；文案需准确说明数据内容及获取方式；数据统计需要说明统计起止时间点、统计维度(如:以上数据来自××产品,统计时间从×年×月×日至×年×月×日×时,统计内容为……)。

(3)表述应准确。如果是抽奖活动,不能说买就送;如果是买正装送小样,不能说"买一送一";使用优惠券的促销,必须要明确优惠的形式,比如要说明是领券享"199减40",如果券有使用上限,就不能说"上不封顶"。

3. 禁用使用绝对化用语

绝对化用语在绝大多数情况下均无法使用,只有极少数场景下可用,请尽可能回避。常见的绝对化用语如图2-4-1所示。

世界领先、全球著名	最××(如最低价、最好)
第一(第1、No.1、Top 1、冠军、××之王、××之冠、金牌)	
巅峰、顶级、顶尖、顶峰、顶端	极品、极端
绝无仅有、空前绝后、绝对	独一无二、无与伦比、史无前例
首选、全国首家	抄底、唯一	永远、永久
万能、全能、完美	底价	都

图2-4-1 绝对化用语示例

4. 禁止价格欺诈

(1)"原价"不允许使用。"原价"是指商品促销前7天内的最低成交价,若所售商品的划线价并非前7天最低成交价,则不能称为原价。

(2)慎用"折扣",谨慎进行价格比较。任何"××折"都要有一个对比的基础价格,需明确说明对比价格的出处(这个对比价格必须是真实成交且可证明的),否则以同款商品在当次促销活动前7天在同一渠道销售的最低成交价作为基础价格,直播间常见的"折扣"所代表的含义如下:

①"全店××折":全店商品经校验均为××折。

②"全店××折起""不止××折":监管往往从有利于消费者的角度解释,会认定折扣力度大于××折。(如:全店5折起,会认定店铺内商品为1/2/3/4/5折的商品)

（3）"底价"不允许使用。"底价"与"最低价"同义，容易对消费者产生误导，建议使用"低价"。

5．其他注意事项

（1）抽奖和秒杀活动中的奖品价格不超过5万元。直播间如果举行抽奖、秒杀等活动，活动中的商品市场价值不能超过5万元，否则会被认定为不正当竞争。奖品为使用权的按商品本身的价值计算，如汽车一年的使用权，是按照汽车本身的市场销售价计算。

（2）禁止通过比较的方式贬低竞争对手。如果与第三方进行比较，必须真实、客观、无贬低和诋毁的内容；如涉及数据，必须有明确出处和依据（包括统计和截止时间）。

（3）禁止格式霸王条款，如不得出现"最终解释权归×××所有"之类的字眼。

（4）公序良俗需谨慎。有违公序良俗就是指与社会主义核心价值观相悖，不积极、不健康、不向上向善、不风清气正的内容。

（5）其他特殊宣传点。

①酒类商品特殊要求：不允许宣传、鼓动、倡导、引诱饮酒或者宣传无节制饮酒，"贪杯无罪"等词语不能用。

②治疗功能不允许擅自宣传。治疗功能就是与"治病"相关的功能，如果没有获得"国药准字"，则不得进行类似宣传；如果已获得"国药准字"，则需严格在批准文书阐述的功效范围内进行宣传。

③保健功能不允许擅自宣传。增强免疫力、辅助降血脂、辅助降血糖、抗氧化、辅助改善记忆、缓解视疲劳、促进排铅、清咽、辅助降血压、改善睡眠、促进泌乳、缓解体力疲劳、提高缺氧耐受力、对辐射危害有辅助保护功能、减肥、改善生长发育、增加骨密度、改善营养性贫血、对化学性肝损伤的辅助保护作用、祛痤疮、祛黄褐斑、改善皮肤水分、改善皮肤油分、调节肠道菌群、促进消化、通便、对胃黏膜损伤有辅助保护功能……这些都属于保健功能，如果没有获得"国食健字"，普通食品不得使用进行宣传，如果已获得"国食健字"，则需严格在批准文书阐述的功效范围内进行宣传。

④化妆品特殊用途不允许擅自宣传。美白、育发、染发、烫发、脱毛、美乳、健美、除臭、祛斑、防晒属于化妆品特殊用途，如果没有获得特殊用途化妆品批准，则不得使用；如果已获得"国妆特字"，则需严格在批准文书阐述的功效范围内进行宣传。

⑤"跨境"谨慎使用,"免税"禁止使用。"跨境"需保证所有活动商品都是通过海外直邮或保税集货等正规跨境模式进行销售的商品,不允许出现"货物已在国内"的情况。商家为消费者承担了应缴税收,并非根据税收政策计算免征额在50元以下的真正意义上的免税,因此不能使用"免税"这一法定概念。

抖音直播规则

(一)直播间硬广引流

抖音平台与微信平台是不兼容的,不能在短视频中添加微信二维码。除此之外,也不能添加手机号、QQ号等与平台不相关的引流信息。在抖音直播间也是一样的,如果主播在直播时,为了把粉丝引流到自己的微信上,在直播间出示二维码、微信号、QQ号、手机号等,即使只是暗示性地引导也不行。一旦被平台监测到,轻则抖音直播间被限流,重则封号。抖音平台对这类硬推广的监测力度很强,所以一定不要在直播间进行这类操作。

(二)违反未成年人相关规定

抖音直播间部分高风险行业是禁止关联未成年人的,例如美妆、游戏、医疗等,如果关联未成年人,则会被抖音平台限流或禁播,如图2-4-2所示。

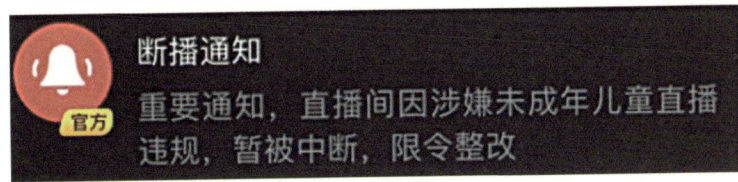

图2-4-2 抖音平台的断播通知

另外,有未成年人出镜的短视频不要设置购物车,即便发布短视频时通过了审核,也会很快被下架。

(三)直播间传播负面内容

抖音直播间的负面信息传播,包括但不限于消极言论、负面导向、诱导未成年人打赏、诋毁等不良信息。一旦平台监测到负面内容，就会对直播账号采取限流或者禁播的处罚。

(四)直播间封面低俗

高质量的直播间封面有助于吸引更多用户进入直播间。如果封面使用了着装过于暴露或者动作低俗的图片，如抽烟喝酒，或者有广告宣传等内容，如二维码等，直播间就有可能被限流。

(五)多平台、多账号同时开播

为了获得更多的礼物，提升直播间转化，很多主播在多个平台上使用多个账号同时开播，这种导流到其他平台的行为在抖音是被严令禁止的，很可能被平台限流甚至禁播。

(六)直播间有禁售商品

直播间可以卖的商品种类很多，但要注意禁售商品不可卖，否则会被限流甚至禁播。直播间禁售商品见本章第二节"直播选品"。

(七)禁止使用极限用语

严禁使用国家级、世界级、最高级、第一、唯一、首个、首选、顶级、国家级产品、填补国内空白、独家、首家、最新、最先进、第一品牌、金牌、名牌、优秀、顶级、全网销量第一、全球首发、全国首发、全网首发、世界领先、顶级工艺、王牌、销售冠军、NO.1、TOP 1、极致、永久、掌门人、领袖品牌、独一无二、绝无仅有、史无前例、万能等。

严禁使用最高、最低、最具、最便宜、最大程度、最新技术、最先进科学、最佳、最大、最先进加工工艺、最时尚、最受欢迎、最先等绝对化用语。

严禁使用绝对值、绝对、大牌、精确、超赚、领导品牌、领先上市、巨星、著名、奢侈、世界/全国×大品牌之一等无法形容的词语。

严禁使用100%、国际品牌、高档、正品、国家级、世界级、最高级、最佳等虚假或者无法判断真伪的夸张性表述词语。

(八)禁止使用权威性词语

严禁使用国家××领导推荐、国家××机关推荐、国家××机关提供、特供等借国家、国家级工作人员名义进行宣传的用语。

严禁使用质量免检、无须国家质量检测、免抽检等宣称质量无须检测的用语。

严禁使用人民币图样(央行批准的除外)。

严禁使用老字号、中国驰名商标、特供、专供等词语。

第三章
直播实操

第一节 开播流程

(一)淘宝直播账号开通

如图3-1-1所示,用户下载"淘宝主播"App,登录淘宝账号,点击【主播入驻】,根据指引进行实人认证(即刷脸确认是否是账号本人),并同意平台签约协议,即可开通直播权限。

图3-1-1 淘宝直播账号开通

(二)抖音直播账号开通

如图3-1-2所示,用户下载"抖音短视频"App,点击首页底部"＋"号,滑动页面底部的拍摄模式至"开直播",点击【开启视频直播】,进行实名认证,即可开通抖音直播。

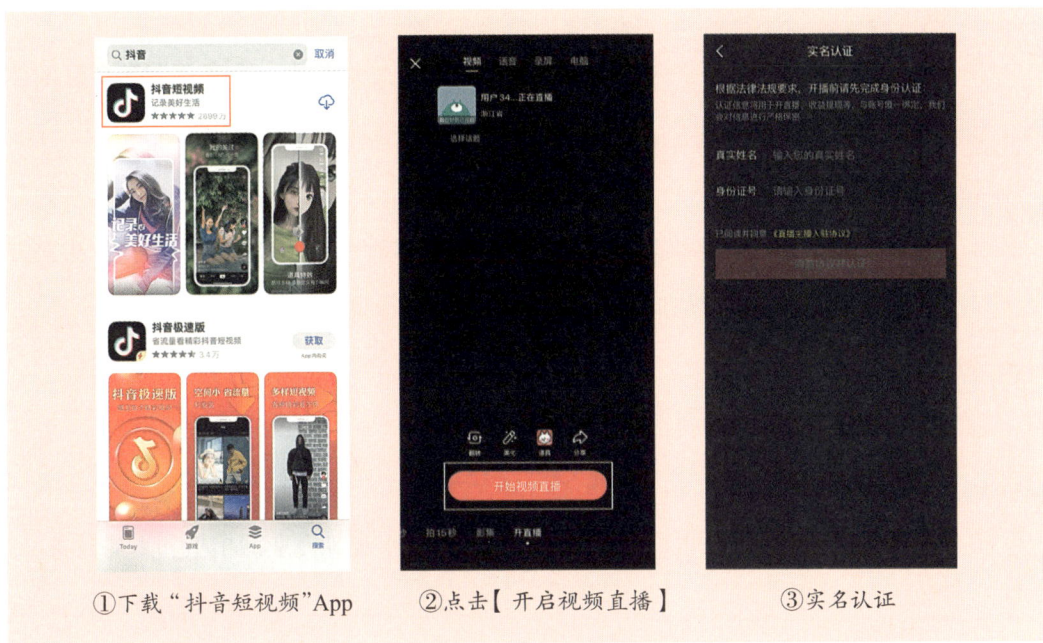

①下载"抖音短视频"App　　②点击【开启视频直播】　　③实名认证

图3-1-2　抖音直播账号开通

 开播准备

（一）硬件准备

正式开播前应准备好直播间的设备，确保网络环境稳定，电脑、麦克风、摄像头、手机支架等正常运行。

1. 确保网络稳定

直播对网络的要求比较高，不管是室内直播还是室外直播，都要尽量避免出现掉线、卡顿、延迟等情况，否则会影响用户体验。最好一台直播电脑单独使用一条网络。路由器建议使用100M以上的家用宽带，保证上传速度在4M以上。

2. 电脑

用于直播的电脑一般要求操作系统Windows 7及以上，处理器i5及以上，最好i7，主频2.0GHz以上。需要注意的是，电脑硬件配置过低时，可能导致画面卡顿或者音画不同步。

3. 摄像头

在不同场景下使用不同的专业镜头会让拍摄效果大大提升，给观众带来良好的体验。常用的罗技系列摄像头具有高清效果，支持大部分视频拍摄设备。

4. 麦克风

麦克风具有美化声音、修饰声线的作用，在直播过程中必不可少。有些摄像头自带麦克风，可以满足直播需求。专业一些的直播间还可以配备声卡。

5. 手机支架

固定支架、移动支架、防抖动支架都要配备，以应对不同场景的直播拍摄。

6. 其他专业化道具

有一定规模的直播间，还可以配备补光灯、挡光板等更加专业的拍摄和直播设备。

(二) 直播规划

1. 设置美观的直播封面

直播封面既要符合直播的内容，又要具有很高的识别度，能让用户一下子记住。如果用人像作为直播封面，建议使用半身照。

2. 有明确清晰的定位

主播要对自己的直播内容有清晰的定位，如直播唱歌跳舞、服饰穿搭，或者美景美食分享等。清晰的定位会为主播带来画像清晰稳固的粉丝群体。此外，直播的标题一定要体现主播的定位，有足够的吸引力，能够吸引用户产生好奇心而点击进来观看。

3. 做好直播内容策划

主播在每次直播前都要对内容进行策划，把直播过程中的重要内容按顺序列出提纲，避免在直播过程中出现手忙脚乱的情况。具体方法可以参考本章第二节"直播脚本"。

4. 做好环境布置

直播环境有室内和室外之分。室内直播要求环境布置精致，直播背景不能杂乱；室外直播要把控好光线，避免出现背光过曝或者手机黑屏等问题。

(三)直播预告

直播预告就是预先告知用户直播的时间、地点、人物、事件。直播预告会在主播个人主页展示给粉丝，起到提前宣传引流的作用，预告的好坏决定了直播能否获得主页推广机会，能否获得更多直播广场推荐，间接地影响着直播间的流量，影响高质量顾客的回访机会，所以，哪怕是已经很成功的头部主播也依然非常重视直播预告。

以淘宝直播为例，创建直播预告需要在"淘宝主播"App中点击【我的】，选择【发布直播预告】，然后根据提示添加封面和预告视频，填写直播标题、时间、内容简介、频道栏目、直播地点等关键信息，如图3-1-3所示。

①在"淘宝主播"App中　　②填写主要信息
点击【发布直播预告】

图3-1-3　淘宝直播预告创建页面

1.标题与封面

（1）标题三要素：简洁、易懂、突出重点。

标题中不能出现"测试""测播"以及违规词汇（如黄赌毒、暴力血腥、极致）等。建议使用"产品＋卖点＋利益点"作为标题，例如"颜值美衣　专享福利""智能潮店半价抢""新库开仓：10万件连衣裙9.9包邮"。标题设置的重点是定位精准，吸引相关人群，为增加粉丝打下基础。

（2）封面三要素：清晰、易懂、高品质。

图片要主题明确、美观、个性化，不要出现图上压字、令人不适、画面模糊等情况，如果打标必须要遵守官方活动标准。封面做得足够吸引人才能大大地增加点击率，如图3-1-4所示。

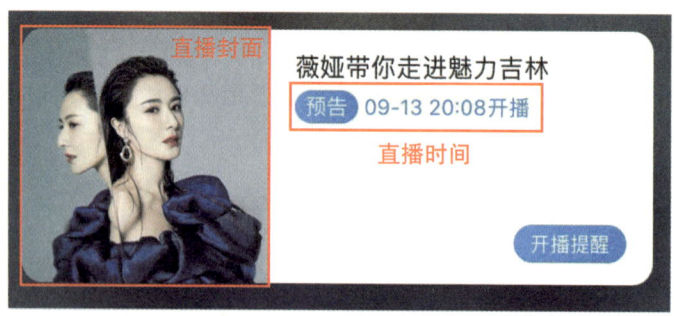

图3-1-4 直播预告的封面

2．预告片

淘宝平台对直播预告视频的尺寸有规定，必须是16∶9。最好不要有水印，也不要出现字幕。视频画面要整洁，重点突出。

3．直播时间

选对开播时间事半功倍。直播时间分热门时段和冷门时段，一般来说热门时段在19点至24点之间，但此时段也是直播最多的时间段，所以建议新手主播避开最热门的时间段。直播时间预告如图3-1-4所示。

4．频道栏目

符合频道栏目主题的直播才能获取精准流量。例如主播要发布美妆商品的直播，那么就必须发布在关于美妆商品的栏目中，如果发布在其他栏目中则无法精准获取受众人群流量或者出现无法发布的情况。频道栏目详见图3-1-5。

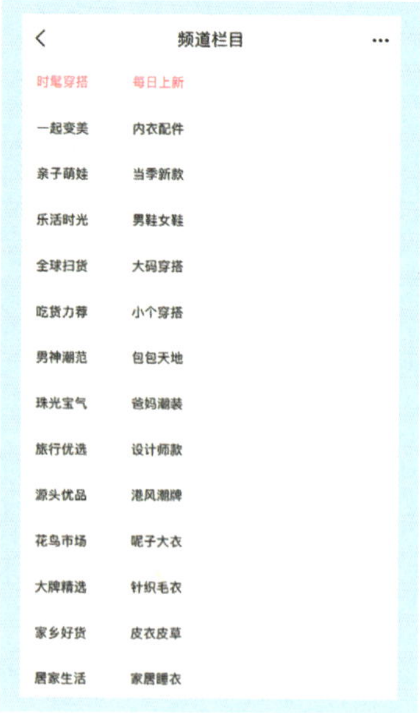

此外，每个直播间已发布商品总数的20%可以不受

图3-1-5 频道栏目示例

频道栏目限制。例如，直播间已有4个商品，那么可以发布1个不符合频道栏目的宝贝，以此类推。

5.内容简介

内容简介要精练、突出重点信息。直播活动的折扣与优惠力度是吸引用户的关键点，所以在内容简介中首先要将产品折扣与优惠力度精确地表述出来，其次要将产品品牌、产品亮点、活动玩法等重要信息告知用户。内容简介示例如图3-1-6所示。

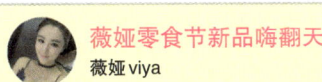

图3-1-6　直播预告的内容简介示例

6.添加宝贝

提前将产品拍摄美化后添加进预告链接，方便直播时使用；也可以提前准备好链接在直播时实时添加，增加产品神秘感。

 开播技巧

（一）强化人设

主播进行自我介绍时应融入自身的人设。有趣或独特的昵称都可以迅速强化观众的记忆。专业背景、职业背景是最强有力的背书，有助于主播获取粉丝信任。共同话题、共同经历可以引导粉丝与主播逐渐加深联系，产生情感共鸣。另外，主播要积极发掘自己的独特闪光点，放大优势，塑造自身的鲜明形象。

(二)建立需求

直播的内容要建立在用户的需求上。用户的痛点在哪里？产品的优势在哪里？如何增强产品的代入感？主播要通过解决问题与用户建立联系，而不是生硬地讲解产品的基本特征。

(三)直播互动

1.福利活动

"废话不多说，先来抽波奖"，这是直播间耳熟能详的常用语，除了反复推敲选品，主播也要换着方式为用户争取福利。不管是开播前的福利，还是定时的抽奖，都有助于拉近主播与粉丝之间的距离，刺激用户下单购买。

2.主动征询，答疑解惑

直播时主播应主动向用户征询问题，包括对商品的看法、意见等，及时解答用户的疑惑；针对弹幕区不好的评论，可以做出相应解释，并且安排后台工作人员引导弹幕内容，发布一些支持主播或者强相关的内容带动弹幕氛围。

3.引导关注、收藏、加购

主播可以设计专属的口播语，在直播期间定时主动引导用户关注自己，对商品收藏、加购和下单。

4.营销手段

抓住消费者的从众、省钱的心理，配合限时、限量、限价等营销手段，往往可以实现"转折式连续惊喜"的效果。主播在直播过程中，首先明确产品优点，然后配合全网超低价格，再加上赠品，这些方法都能有效促进用户下单购买。

5.预告惊喜，制造悬念

在每一次的中场休息以及下播前，主播都可以预告下一场直播能给用户带来的产品亮点、折扣力度等惊喜；也可以透露部分信息，卖个关子，吸引用户下一场直播继续来观看。

四 下播复盘

(一)个人技能

主播下播后应及时复盘,从镜头效果、话术水平、产品展示效果、营销手段等方面进行分析,找到自己最美的角度、直播时的精彩话术、产品展示的亮点、引导购买的方法等,延续下去,再总结出缺点与不足之处,以便后期不断优化。

(二)数据运营

主播下播后可通过直播后台分析整体数据情况,例如封面点击率、粉丝转化率、商品销量等,进而整理出一套专属于自己的运营方案。每个数据都代表着用户的反应与诉求,比如封面图点击率高低可以反映封面图对用户的吸引力大小;转粉率高低代表着主播的直播状态好坏与产品吸引力高低。通过数据运营与分析,主播可以发现自己直播间的优点与缺点,通过不断优化可有效提升直播效果。数据运营及分析将在本书第四章进一步阐述。

直播的技巧

1.时刻关注用户动态

有用户进来时,主播要主动打招呼。有人提问时,主播要及时回复。如果问题非常多,主播可以适当忽视一些说话很多的人,多关注那些问题少的用户,让他们的体验更强,这样有助于提高转粉率。

2.直播时的动作和表情要丰富

动作和表情丰富的主播能够带动直播过程中的气氛,优秀的主播在直播过程中一定是有声有色的、非常具有感染力的。如果主播在这个方面比较欠缺,平常可以对着镜子多练习。

3.直播时要控制自己的情绪

如果在直播过程中遇到恶意评论,不要太在意,稳住情绪继续直播;遇到尴尬的情况可以开个玩笑一笑而过。同时,在直播的过程中多赞美用户、夸奖用户,这样用户才愿意留在直播间。

4.保证直播时长和频次

首先,保证直播时长是对直播账号最基本的要求,尤其是对新手主播而言。新手主播最好能做到每天直播,每次直播至少2个小时。如果无法做到每天直播,那么至少要做到每周直播2~3次。薇娅、李佳琦等头部主播的直播频次也是很高的,基本上每天都会直播,每次直播2~4个小时。

其次,保证直播频次,尽量保证按时直播,保证直播开播时间的规律性。例如,计划每周一、三、五三天直播,就要坚持下去,保证这三天直播时间的规律性。选好的直播时间也不要随意变动,如每天晚上8点到11点直播,或者每天白天固定时间段直播,这样做有利于积累直播时长,提升直播间权重。有规律的直播时间能让粉丝养成定时、定点进入直播间的习惯。

5.做好用户维护

直播时的用户通常是不稳定的,可能今天来看了直播,第二天就不来了,所以主播要做好用户的转化工作,引导用户进入粉丝群,不仅交流更方便,而且还可以向他们推送福利、红包、优惠券,既维护了粉丝,又起到了营销的作用。

第二节 直播脚本

 一 什么是直播脚本

大家在看直播的时候，有没有留意有些主播的桌子上放着一叠满是表格的文件？哪怕是经验丰富的主播，在直播的过程中也会时不时低头看一下这些文件。这些文件就是直播脚本。就像是电视剧或者电影的剧本一样，直播脚本就是直播的"剧本"，交代了这一场直播的基本情况与流程，主播就是顺着这个脚本进行直播的。

直播脚本还是主播及其团队对于带货产品的提炼。在一场直播中，主播要在最短的时间内，形象地告诉消费者这些产品的核心卖点。比如李佳琦在直播过程中，可以将不同的口红用最精准的词汇描述出来，他所描述的场景很容易就可以打动观看直播的用户，这其实是主播及其团队共同策划的结果。用户从观看直播到下单，往往只有几分钟时间，想要获得好的直播效果，直播脚本的撰写是必不可少的。

 二 直播脚本的要素

在一场直播中，有些信息是必不可少的，例如直播目的、直播时间、直播人员、带货产品等，这些也就是直播脚本中必须要策划的元素。

（一）直播目的

在直播前，主播要先弄清楚这一场直播的目的是什么，是为了维系粉丝关系和粉丝聊聊天，是为即将发布的新品造势，是为了店铺清仓，还是分享生活中的好用物品……目的不同，直播策划的重点也不同。

如果直播的目的是维系和粉丝的关系，那么策划的重点在于自己生活方式和态度的展示，以及对粉丝关心问题的解答；如果是为了给新品造势，那么策划的重点在于新款产品的展示介绍，以及开拍的注意事项；如果是做店铺清仓，那么策划的重点在于清仓活动的介绍，以及粉丝所能获得的福利；如果是为了分享生活中的好物，那么策划的重点在于产品使用场景和功能的介绍。

明确直播目的是撰写直播脚本的第一步，并且这个目的在直播预告和直播刚开始的时候就要明确地告诉观众，这样，观众到直播间来就是带着期望的，明白这一次观看直播可以得到什么。

此外，也是很重要的一点，就是每一场直播的目的只能有一个，否则直播没有条理性，会显得很混乱，影响了消费者的观看体验。

（二）直播时间

直播时间包括直播时长和开播时间。一场有效的直播至少要达到30分钟，但并不是说只要播30分钟就够了。根据阿里平台的数据显示，4～6小时是大部分主播最喜欢的直播时长，因为这个时长能够完全覆盖上午、下午、晚上三个时段中的一个，和直播团队及消费者的日常工作节奏比较契合。一些头部主播的直播时长反而会减少，大概在2～4小时。对于一些尾部或者新开播的主播来说，延长直播时长可以优化直播间总体数据，因此，直播时长最好在6～8小时。甚至有一些商家的直播时长超过10个小时，也有24小时一直播的。直播时长要根据实际条件和必要性等方面进行考量。

开播时间的选择一般有两种思路，一种是高峰时期开播，另一种是避开高峰时期开播。一般来说，晚饭后到睡觉前是观看直播人数最多的时候，一些头部的主播都会选择在晚上8点开播。但是，高峰时期开播的主播比较多，竞争也比较激烈，导致新手主播能分到的流量很少。因此，为了避开激烈的竞争，可以采用避开高峰时段开播的策略，比如提早1～2小时开播，或者在别的主播下播之后的深夜再开播，甚至有一些主播会选择凌晨这样的冷门时间段进行直播。

直播脚本要明确写出开播的时间和预计直播的时长，这样有利于开播前对直播进行宣传推广和设计直播内容。

（三）直播人员

专业的主播往往不是单打独斗的。一个成熟的直播间至少会有三个人，一个是主播自己，一个是助理，主播和助理进行配合，一问一答，一唱一和，可以更好地活跃直播间的气氛。直播间还需要一个人，这个人叫作场控，一般不出镜，主要配合主播回答粉丝的一些问题、在线联系商家、操控后台、打打下手等。

直播脚本中要明确直播人员以及各自的分工，这样有利于加快直播间各个工作人员相互之间的磨合，保证直播间的各项工作有序进行。

三 单品直播脚本

与娱乐平台的直播不同，电商平台的直播主要目的是带货，是以产品为核心的。通过几个小时的直播，主播不仅要让消费者快速"种草"，还要引导消费者在直播间下单。在直播期间，产品卖点的展示是非常集中的，在一场3小时的直播中，主播往往会介绍20~40种产品，分给每个产品的直播时间只有几分钟，这就需要通过脚本提前准备好产品的直播内容。

单品直播脚本中包含以下一些信息：序号、货号、时长、产品图片、原价、直播间价格、产品卖点、利益点（用户角度）、适用场景等，如表3-2-1所示。

表3-2-1 单品直播脚本模板

序号	货号	时长（分钟）	产品图片	原价	直播间价格	产品卖点	利益点	适用场景	直播画面	实物道具
1										
2										
3										
4										
5										
……										

序号、货号、产品图片、原价这些都是产品的基本信息，有利于主播在直播的时候区分产品。

时长是指直播这款产品所花费的时间，提前策划好每一个产品的直播时长，有利于主播把控直播进度。

直播间价格是指在直播期间用户购买产品所享受的优惠价格，用户希望在直播间可以买到最优惠的产品，因此直播间价格一定要和日常销售的价格有明显的区别，这样才能刺激用户立刻下单。

产品卖点是指商品具备的与众不同的特色、特点，是区别于同类型产品的突出优势，可以是产品的功能、造型、品牌等各个方面。每个产品最好都能提前准备好至少3个卖点。

利益点是指从用户的角度出发，告诉用户买了这个产品可以获得哪些好处，这部分可以从情感的角度进行挖掘。

适用场景指的是产品的应用范围，通过场景的描述激发消费者的购物热情。

直播画面是指当主播在讲解商品的某一个卖点的时候，展现给用户的画面。直播画面的呈现经常需要助理的配合。比如，主播在讲直播价格和原价差别很大的时候，助理就可以在直播间展示提前准备好的价格对比图片；又如，主播在讲某款眼线笔防水效果好的时候，助理就可以在手臂上画一下，然后用水去擦；通过这种和画面结合的方式，让观看直播的用户亲眼看到产品的效果。

实物道具是指配合这一部分直播画面展示所需要用到的产品和道具。直播助理需要根据脚本提前准备好要用的东西。

不同店铺、不同类目、不同主题的直播所要展示的产品内容都会有所不同，在具体实践中主播可以根据自己的需要打造单品脚本。

四 整场直播脚本

整场直播脚本用于规范整场直播流程与内容，对直播套路和产品顺序进行规划安排。整场直播脚本包括开场互动、商品讲解、活动环节、引导成交、下场直播预热五部分。

(一)开场互动

如果8点开始直播,那么主播在7点50分就可以打开直播间,让一些观众先进来。利用这段时间主播可以做一些简单的设备调试,或者和进入直播间的粉丝打招呼,进行一些日常的沟通,提醒用户加关注。8点直播正式开始时,主播也先不要着急开始介绍产品,因为这时候粉丝还没有都进来,可以先介绍这次直播的主题、流程,还有一些比较有诱惑力的机制等,把直播间的气氛渲染起来。

(二)商品讲解

商品可以分为爆款、次爆款、日常款、新品、滞销款,在一场直播中,商品的排序是非常讲究的。爆款是用户普遍比较关心的产品,为了保证用户观看直播的停留时长,可以把爆款放在直播的后面时段播。一些关注量比较高的次爆款和主推款放在直播开头播。

如果一次直播的产品比较多,可以先用1~2小时按照自己设计的顺序一件件产品来播。等所有的产品都展示过一遍了,留30~60分钟的时间给观众报号,根据观众的需求重新展示一些热度比较高的款式。然后,还要重点关注观众的提问,结合观众的问题来直播。

(三)活动环节

很多用户喜欢看直播,就是因为直播间产品便宜,各种优惠活动很多,看的过程中虽然一直在花钱,但是也感觉钱花得很值。要想让直播间热闹起来,活动环节是必不可少的。

现在直播间的活动形式有很多:优惠券、红包、盲盒、礼品……在进行脚本策划的时候,要提前想好本次直播的活动形式,也可以将多种形式的活动结合起来。

一般可以在刚开播的时候就设置一波优惠券,让新进直播间的观众多留一会儿。直播过程中可以结合点赞数或者时间点不定时发放优惠券。最好可以提前准备一个有吸引力的大奖,安排在直播的后半段。

(四)引导成交

不同商品的优惠力度是不同的,在设计直播脚本的时候需要针对不同的商品设置不同的引导话术。主播引导成交的话术有两个关键点:一是吊足用户胃口,找准时机宣布价格,让用户觉得"物超所值";二是强调促销政策,包括限时折扣、现金返还、随机免单、抽奖免单等,让用户热情达到高潮,促使用户集中下单。表3-2-2所示是一个30分钟的引导成交方案。

表3-2-2　30分钟引导成交方案

时间(分钟)	内　容
0～5	吸引观众眼球,勾起观众好奇心
5～7	利用各种抽奖活动留住观众和意向客户
7～12	通过对产品的解说以及亲身试用来锁住客户
12～22	从产品的各方面来与竞品对比,凸显自己产品的优势
22～27	再次强调促销政策,进一步催促用户下单
27～30	最后3分钟,反复提醒用户下单,并营造出抢购氛围,迫使用户下单

(五)下场直播预热

在直播即将结束的最后5分钟,主播可以预告下场直播的开播时间、福利,为下场直播进行预热。

(六)整场直播脚本模板

表3-2-3所示是一份通用的整场直播脚本模板,商家可以根据需要在此基础上设计自己的直播脚本。

表3-2-3 整场直播脚本模板

×××直播脚本										
直播主题：										
直播时间：										
主播：			助理：				场控：			
直播流程										
开场白：欢迎来到×××的直播间,点击左上方头像关注……										
序号	货号	时长	图片	原价	直播价	内容介绍（产品卖点、利益点、应用场景等）			画面	道具
1										
2										
3										
4										
5										
……										
互动：穿插各种活动环节；注意回答粉丝问题										
直播总结：										
下次直播预热：										

需要注意的是，脚本不是一成不变的，是需要不断优化的。按照脚本执行的同时，商家（主播）可以分时间段记录下各种数据和问题，结束后进行复盘分析，对不同时间段里的优点和缺点进行优化和改进，不断地调整脚本，假以时日，心中自然就会有制订直播脚本的策略和方法了，对于直播脚本的高效运用也就更加得心应手。

直播脚本案例

1. 单品直播脚本

服饰类直播脚本		
直播主题	秋季新品	
主播介绍	知名电商平台优质主播、设计师、穿版师	
内容提纲	1.主播自我介绍；2.产品介绍；3.提供采购方式；4.直播总结	
直播流程		
序号	时长(分钟)	主要内容
1	3	主播自我介绍,公司介绍。
2		介绍15款秋季新品,大概需要40分钟,其间穿插一些流行趋势分析、穿着搭配技巧等。总时长50分钟。
4		【产品展示】型号:LX-011碎花连衣裙 颜色:卡其色、灰色、蓝色。　成分:100%棉。 尺码:S、M、L、XL、2XL。 特点:(1)经典圆领搭配刺绣花边,凸显优雅气质;(2)抽绳收腰,展现女性魅力;(3)简约知性,优雅有范。
5	50	【产品展示】型号:LX-012哈伦裤 颜色:黑色、白色。　成分:53%亚麻,45%粘纤,2%氨纶。 尺码:S、M、L、XL、2XL。 特点:(1)冰爽透气,健康肌肤;(2)面料垂顺,版型显瘦;(3)匠心裁剪,提升腰线。
6		【产品展示】型号:LX-013针织衫 颜色:蓝色、黑色、粉色、灰色、绿色、黄色。 尺码:S、M、L、XL、2XL。 成分:52.7%腈纶,36%锦纶,10.4%绵羊毛,0.9%其他纤维。 特点:(1)领口小巧圆润,烘托温婉气质;(2)袖口时尚简约设计,展现手臂线条,衬托手部曲线;(3)下摆巧妙修饰腰腹曲线。
7	50	以上类似款式介绍。
8	7	介绍淘宝平台的几个店铺、合作的商家,以及进货方式等;告知用户点关注可以享受一件代发,另外通过直播下单可备注"直播",享受首单免邮优惠。
9		直播结束语及预告。

2. 整场直播脚本

序号	时长（分钟）	流程	步骤	直播内容	备注
				美妆穿搭类直播脚本	
1	1	开场	自我介绍	Hello，大家好！欢迎各位来到我的直播间，我是主播梅姐。今天是国庆节，在这举国欢庆的日子，我祝各位购物愉快，买得爽，看得欢。今天梅姐为大家带来了几款新产品。	打招呼
2	2	开场	引入活动主题	今天我不仅要介绍新品给大家，还给大家准备了一些礼品，还有抽奖哦！奖品在哪儿呢？看，在这儿，让我们一起来看看……另外，还有秒杀活动，同时还有以下几款适合女生、能够提升气质的饰品。 无论是谁，今天都有机会获得我们这些新品，人人都有机会参与抽奖和秒杀活动，机会多多，奖品多多！ 各位宝宝，帮忙转发我的直播间，通知身边的朋友也来参与，转发越多，邀请的人越多，获奖机会越多，人多力量大，争取抽个全家桶，人人有中奖！	引入主题
3	2	衣服产品介绍	产品导入	直播间的宝宝们，梅姐先给大家展示第一款新品——女士上衣。大家先看看梅姐穿这件衣服的效果，有没有觉得很惊艳？有宝宝在问了，这衣服多少钱一件？今天件这衣服，价格不是由我来决定，而是由你们来决定，直播间的宝宝们，把1扣起来，扣起来，人数越多，我们赠送的就越多，优惠力度就越大。 今天，在直播现场下单购买，还有其他小礼物赠送哦！	增强直播产品的吸引力

续表

美妆穿搭类直播脚本					
序号	时长（分钟）	流程	步骤	直播内容	备注
4	20	衣服产品介绍	产品介绍	今天我为大家准备了4种不同风格的衣服，直播间的宝宝们可以随意挑选。第一款：气质风；第二款：休闲风；第三款：淑女风；第四款：职场风。 第一款：气质风。这款衣服，有一种专属女人的美，充满灵性，上身后让人立刻有一种轻盈的气质，搭配复古印花，简约气质，堪称一道亮丽的风景线。宝宝们，这款衣服有三个特点，先看立领，刺绣装饰领，气质高雅，后颈开扣，便于穿脱；再看袖口设计，精致的刺绣，体现复古元素，美观大方；最后我们来看下摆细节，弧形下摆，可以拉长身材比例。我穿上这款给大家看看效果，如果有喜欢的，就告诉我哦。接下来，还有三款衣服，梅姐会一款一款试穿给大家看。 介绍其他三款衣服。	产品展示为主
5	3	抽奖	抽奖活动	4款女装都试穿完了，各位宝宝喜不喜欢？喜欢的把1扣起来，扣得越多，我们降价越多，现在的价格是2980元，直播间扣一个1我们少1块，今天，抽到奖的宝宝就可以用极低的价格拿到，甚至是免费哦！各位宝宝，继续把直播间分享出去哦！目前有×××个人扣1，那么我们价格直接降到×××元。接下来，我们要开始抽奖了，我倒数几个数，时间到，第一个拍下的，我们直接免费好不好？5、4、3、2、1，时间到，开拍！这件衣服是我们店铺的×××号衣服，喜欢的，可以拍下，现在我们准备最后的免单抽奖。大家刷起来，今天，我们准备了10个最大优惠名额，现在开始抽奖……抽到奖的宝宝跟客服要优惠券哦，这次，大家把价格给降到了98，砍得很厉害哦！	活动圈粉
6	2	秒杀	第一轮秒杀	我们的衣服，活动期间限时秒杀，只限2分钟！	秒杀指引

续表

序号	时长（分钟）	流程	步骤	直播内容	备注
				美妆穿搭类直播脚本	
7	2	秒杀	第二轮秒杀	秒杀期间，还有其他赠品，找客服备注，送小样！	秒杀指引
8	2		第三轮秒杀	今天有活动，不是每天都有这样的机会！秒杀时间段才有优惠！	秒杀指引
9	3		买两件有礼品	今天我们这款女装有4种不同的风格，喜欢的宝宝可以在直播间左下角下单购买。梅姐身上穿的这件衣服，我送给大家一个优惠，买两件就送小礼品。	福利圈粉
10	2	促销对话	限时优惠	接下来，我们再做一个限时优惠活动，在优惠期间，宝宝们可以获取有效的优惠券。下单时要注意尺码，如果你的身高是165厘米可以选择L码的，160厘米可以选择M码的。下单之前，联系客服领取优惠券，备注送小样，我们有护肤品、丝巾、帽子赠送。	优惠介绍
11	1		促单	各位宝宝，下单购买之前，先领取优惠券，699元的衣服，领取优惠券，仅需299元即可购买。下面我教大家如何领取优惠券……领取之后，返回界面，直接下单，并备注送小样。	下单指引
12	60	裤子、鞋子、围巾、饰品介绍	引入其他产品	各位宝宝，接下来主播给大家带来一款超有设计感的裤子……（与前面同样的流程）	
13	2	直播结束	结束语和下场预告	时间过得好快，本次直播马上就要结束了，主播梅姐在此感谢大家的陪伴，明天同一时间继续直播，期待大家的到来，更多的福利送给大家哦！今天就到这里了，宝宝们再见！	

第三节 直播话术

一 直播间开场话术

(一)自我介绍

第一次进入直播间的观众,开始可能不知道主播是做什么的,所以主播要在第一时间向观众介绍自己。介绍时要简洁明了,重点突出,告诉观众:为什么你们要关注我,我能给你们带来什么好处或价值。如:

(1)欢迎新进的×××,我是一名女装主播,会经常为大家推荐一些时尚穿搭技巧和物美价廉的女装。如果你是一位爱美女士,可以给主播点点关注哦!

(2)直播间的宝宝们大家好,我是第×天开直播,一个人做,没有团队,但是我对我的产品和专业知识非常自信,如果大家在我的直播间稍作停留,我一定能帮到大家,也会有福袋和福利送给大家!

(二)欢迎话术

直播间开播后,进入直播间的人数会逐渐增加,这时候,大部分主播所用的话术都是"欢迎×××进入直播间"。这种欢迎话术太过机械化,主播可以在此基础上根据实际情况做一些优化。观众进入直播间时,主播能够看到观众的昵称和等级,因此,直播欢迎话术可以是这样的:

(1)欢迎加菲猫(昵称)进入直播间,没有关注的宝宝记得关注下主播哦!主播马上设置优惠券给大家领取!

(2)欢迎隔岸观火(昵称)来到我的直播间,现在我再给大家来个预告,9块9的秒杀将于20点整点开始哦!

（3）欢迎各位宝宝来到我的直播间，希望宝宝们喜欢我，关注我哦！

（4）欢迎大家走进我的直播间，我是一名新主播，希望大家能够停下来支持我，我会给予您200亲密值，接下来您发布作品和直播时，抖爸爸就会给予您更多的活跃值。

（5）欢迎大家来到我的直播间，我是×××，刚进来的小伙伴可以等等后面的朋友们，没有点关注的给主播点点关注，点击名字旁边的翅膀加入粉丝团以后，可以获得300亲密值，有效提升我们的账号等级。

欢迎话术可以让观众有被重视的感觉，极大地提升了他们的参与感。

（三）关注话术

观众进入直播间之后，可以使用怎样的话术，让他们关注直播间，为直播间涨粉呢？这就需要主播不时地给自己打个广告，不断给观众传递自己的直播理念以及介绍个人直播风格等，这样做不仅能吸引观众点关注，还会对观众产生"洗脑"效果。例如：

（1）感谢×××的关注，还没关注主播的抓紧关注哟，主播每天给大家带来不同的惊喜哟！

（2）关注主播不迷路，主播带你上高速！喜欢主播的可以帮忙分享一下哦！谢谢宝宝啦！

（3）对主播分享的产品或内容感兴趣的宝宝们，可以点点关注，下次主播开播你可以第一时间找到我，不会错过精彩内容哦！

观众关注直播间，除了被话术引导外，更多的是想在直播间里获得一些什么。例如：经过了一天忙碌，希望在直播间里获得短暂的快乐；又或者想在直播间里买到最实惠的商品。所以，关注话术中尽量要透露出能提供给粉丝的价值。

直播间互动促单话术

（一）互动话术

不管主播在不在直播间卖货，观众可能都会说各种各样的话，提各种各样的问题，例如,"哇,这个主播说话好舒服,有老师的感觉""这件衣服主播能试穿一下吗,让我们看看效果"……这说明观众关注了主播,关注了主播推荐的产品,所以,主播一定要对观众的提问有反馈,并且耐心细致地讲解产品。

例如:"我现在穿的衣服是2号链接,面料是聚酯加氨纶,可以配裤子穿,时尚百搭,大家一定要关注哦!""主播现在穿的是5号链接,橄榄绿色,与内搭是撞色系,今年很流行,衣服下摆也是流行设计,前后都是A字形设计,非常减龄。姐妹们可以根据自己的肤色及喜好选择不同的颜色,对比一下自己的身高体重选择适合的尺码哦!"

遇到"裤子质量怎么样""五折怎么拍""165cm、140斤穿多大码"等类似问题时,主播要提醒观众关注并及时解答提问,有针对性地引导观众购买产品。

互动话术的关键在于主播回答问题要有针对性,千万不要答非所问。另外还要有耐心,由于直播间不断有观众进入,同一个问题可能会有许多人问,主播需要反复回答相同的问题,所以一定要有耐心。

(二)促单话术

主播促单有两个关键点:一是吊足观众胃口,找准时机宣布价格,让观众觉得"物超所值";二是强调促销政策,包括限时折扣、现金返还、随机免单、抽奖免单等,让观众热情达到高潮,然后催促观众集中下单。

很多观众在下单时可能会犹豫不决,这个时候主播就需要用追单话术来刺激观众下单。如:

(1)这一款产品数量有限,如果看中了一定要及时下单,不然等会儿就抢不到啦!

(2)产品折扣仅限本次活动进行时间,过了这个时间就会恢复原价哦!想要的宝宝们抓紧时间抢购哦!

(3)主播今天推出的这款产品只有10分钟的秒杀优惠,喜欢的宝宝们赶紧下单哦!

(4)只剩下最后5分钟了,还没有下单的宝宝抓紧哦!

直播中,如果主播一不小心把想好的话说完了,突然不知道说什么好,这时,千万别慌,可以尝试从与观众的互动中去找话题,说一些生活化的东西,拉近和观众的距离,增强互动。例如:放一首好听的歌,和大家聊一聊看法或者感想;和观众分享一些穿衣小窍门、健身技巧、下厨的经验;聊电影、讲故事等。

直播结束感谢话术

(一)结束话术

(1)现在是下午5点10分,主播还有20分钟就要吃饭了,非常感谢关注的宝宝和送礼物的宝宝们,谢谢大家!宝宝们也要按时吃晚饭哦!

(2)主播还有20分钟就下播了,非常感谢大家的陪伴,今天和你们度过了非常愉悦的时光,主播再给大家唱首歌好不好,你们要记得想我,我也会想念大家哦!

(3)今天的直播接近尾声了,明天晚上8点,同样的时间直播间见哦!

(4)播完我就下播了哦!希望大家睡个好觉,做个好梦,明天新的一天好好工作,晚上我们再聚哦!

(二)感谢话术

直播开始后,逐渐会有观众打赏、关注或者购买主播推荐的产品,对这些行为,主播一定要用真诚的感谢话术来给予反馈。感谢话术是主播对观众心意的回馈,真诚的反馈会让观众有存在感、被重视感,以后可能会经常进入直播间。

那么,感谢话术该怎么说呢?

(1)感谢×××的关注哦,很高兴有大家的陪伴,主播会给大家送一波优惠券哦!

(2)感谢宝宝们今天的陪伴,谢谢你们的关注、点赞,主播今天很开心!

(3)感谢从开播一直陪我到下播的宝宝们。陪伴是最长情的告白,你们的爱是我直播的动力,有了你们的支持,主播一定会越播越好的!

从上面的话术中不难发现,直播的时段不同,面对观众时,主播话术的侧重点也是不一样的。主播需要不断练习话术,只有这样,才能熟能生巧,随机应变。

第四节　直播间粉丝运营

直播间粉丝运营就是通过淘宝或者抖音等各类直播平台，吸引观众，使他们关注直播间，把观众变为粉丝，然后再对粉丝进行开发，增强其活跃度，并持续维护良好的粉丝关系，最终促使其裂变、分享。直播间粉丝运营一般会经历粉丝积累、粉丝开发、粉丝维护以及粉丝裂变四个阶段。各平台和各店铺的运作方式不尽相同，下面以淘宝直播为例讲解直播间的粉丝运营。

一　制订粉丝运营目标

（一）第一阶段：粉丝运营初期

粉丝运营初期以引流吸粉为主，全渠道引流，侧重粉丝停留和转粉相关工作，以及提高粉丝平均观看时长，建议用时1个月左右，可根据实际情况调整。

（二）第二阶段：粉丝运营成长期

这一阶段还是需要引流吸粉，也要培养粉丝的下单习惯，刺激成交，同时善用淘宝直播粉丝亲密度，制订新粉、铁粉、钻粉、挚爱粉不同的优惠活动和福利，让粉丝长期关注直播间，营造直播间氛围，建议用时1个月左右，可根据实际情况进行调整。

（三）第三阶段：粉丝成熟维护期

当粉丝达到一定体量后，需要拓展产品线，以满足粉丝的更多需求。这一阶段要对粉丝进行分类管理，定期召回，刺激复购。还可以通过各种福利引导粉丝加群与粉丝拉近距离，安排专人定期关怀、聊天互动、发红包、分享生活趣事等，做好长期维护。

通过以上三个阶段的运营，搭建好整个粉丝运营体系，根据实际情况和数据反馈，长期对粉丝进行优化，掉粉了就引流转粉，转化率下降了就拓展品类、刺激成交，经常与粉丝沟通，结合数据反馈分析，了解粉丝的需求和想法，更好地服务粉丝。

制订粉丝成长体系

针对直播间观众及现有粉丝，商家（主播）要进行转粉、互动、维护管理，保持其活跃度，通过粉丝拓展，最终实现裂变和分享。因此，粉丝成长体系必须是贯穿整个直播过程的。

（一）粉丝来源及画像分析

1. 粉丝来源

如图3-4-1所示是某商家的淘宝直播官方数据后台，目前淘宝直播平台把流量来源分为9个渠道，分别为：

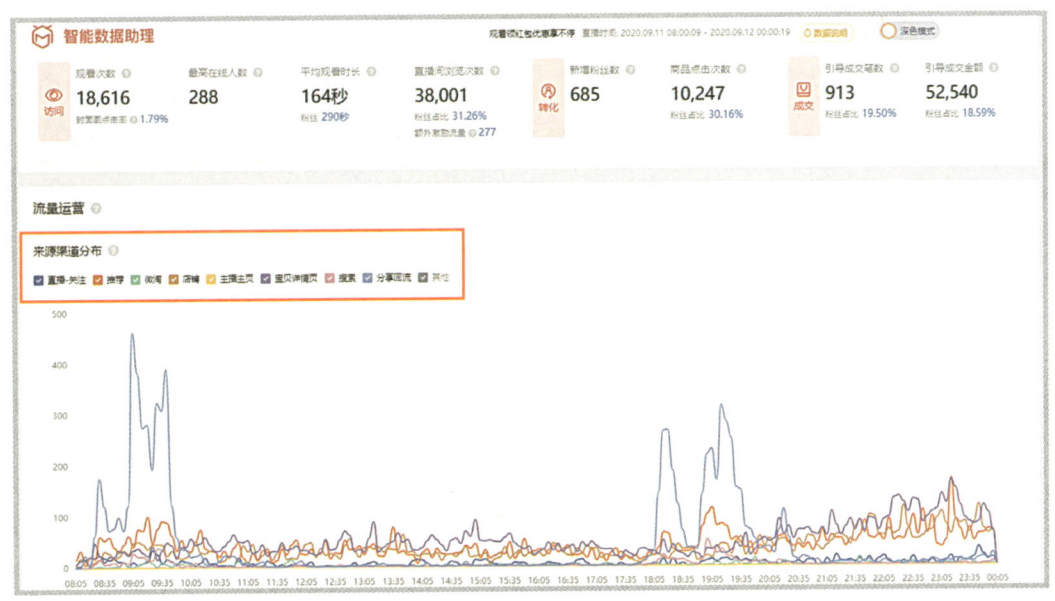

图3-4-1 淘宝直播流量来源

（1）直播—关注：通过直播关注频道进入直播间。

（2）推荐：包括直播频道、首页猜你喜欢直播TAB、直播间切换等场景的直播推荐流量。

(3)微淘：通过淘宝微淘关注进入直播间。

(4)店铺：通过店铺页的直播入口展现进入直播间。

(5)主播主页：通过主播个人主页入口展现进入直播间。

(6)宝贝详情页：通过宝贝详情页的直播入口展现进入直播间。

(7)搜索：通过搜索结果页进入直播间。

(8)分享回流：通过直播间分享链路进入直播间。

(9)其他：未归属上述渠道的其他来源。

2．粉丝画像分析

从淘宝直播商家官方数据后台获取的粉丝画像，主要分为下列五类：

(1)性别。从淘宝直播粉丝画像性别(图3-4-2)中可以看出，淘宝直播官方数据后台分析粉丝的画像中，该直播间粉丝中女性占80.69%，男性占19.31%。由此可见，该直播间的粉丝以女性为主。

(2)年龄。从淘宝直播粉丝画像年龄(图3-4-2)中可以看出，在该直播间的粉丝中，18岁以上、39岁以下的用户占比超过80%，说明该直播间的粉丝以年轻人为主。

(3)消费力。从淘宝直播粉丝画像消费力(图3-4-2)中可以看出，低于20元的商品和超过200元的商品，购买用户占比数不到11%，21～200元的商品购买人数占89.69%。由于该直播间销售的产品主要为内衣和内裤，从消费力数据可以判断出粉丝的消费能力属于中高端，有较大的开发潜力。

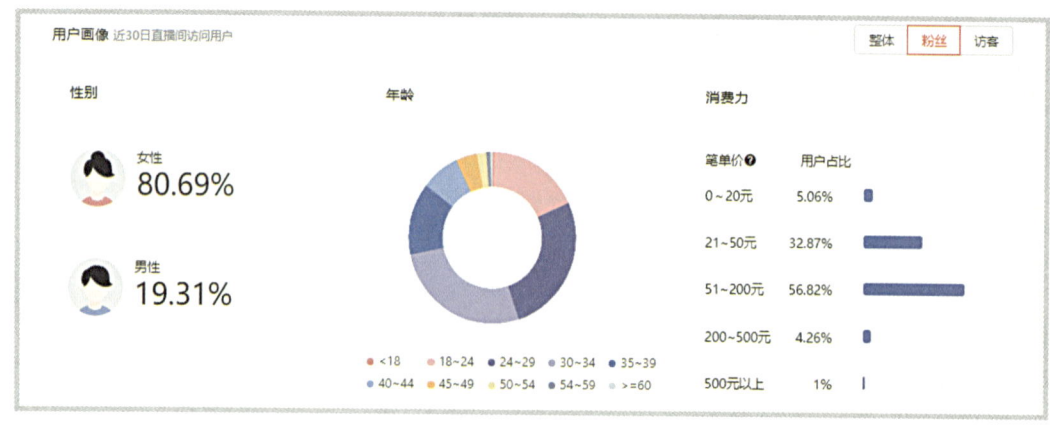

图3-4-2　淘宝直播粉丝画像(性别、年龄、消费力)

（4）八大人群占比。从淘宝直播粉丝画像人群占比（图3-4-3）中，可以发现该直播间粉丝都市蓝领最多，占22.63%；都市银发最少，仅占2.04%；新锐白领偏少，占5.92%；其余人群为9%~17%，比较均衡。

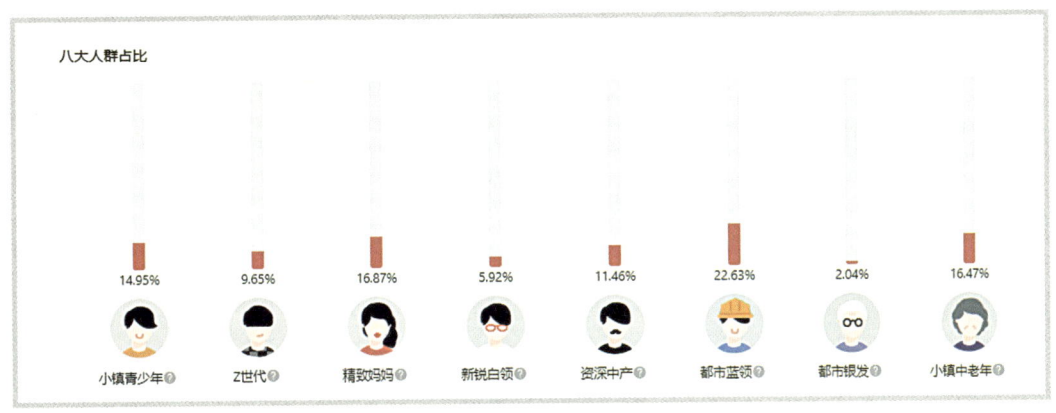

图3-4-3　淘宝直播粉丝画像（人群占比）

（5）区域分布。从淘宝直播粉丝画像区域分布（图3-4-4）中，可以看到该直播间粉丝最多的省份分别为浙江、广东和江苏。

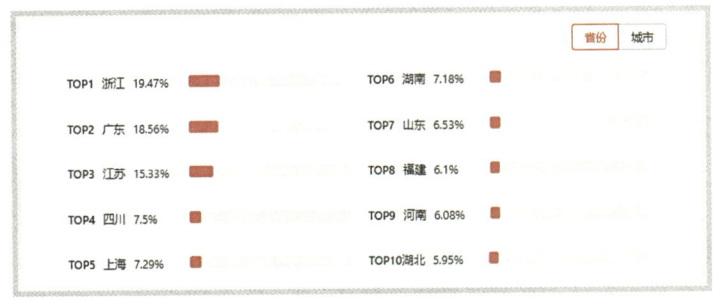

图3-4-4　淘宝直播粉丝画像（区域分布）

在淘宝直播商家官方数据后台，也可以查看访客的画像。对于粉丝，运营重点的应放在开发、维护和裂变上。对于访客，要先进行精准分析，筛选出部分访客作为主要目标客户，然后针对这些目标客户，制订相应的运营方案，有针对性地进行引流、转粉、互动、营销、种草、收割、维护等操作。

（二）建立主播人设，确定直播内容模式，吸引精准粉丝

1. 建立主播人设

针对目标用户，选择符合直播间定位的主播，建立主播人设，以主播个人魅力精准

吸引粉丝关注并最终转化成交。需要注意的是，人设一旦建立了就不能随意更改。主播人设的打造详见第二章第一节。

2. 确定直播内容模式

针对目标用户人群，确定每场直播的内容模式，吸引精准转粉关注并最终转化成交，尽量保持一种日常的直播模式，偶尔可以根据需要切换其他直播模式。

常用的直播模式有：

(1) 达人秒杀模式：主播在垂直领域非常专业，通过自己的专业能力吸粉并销售产品。

(2) 直播客服模式：主播一款一款地介绍在售产品；或者粉丝想看哪款，主播就介绍讲解哪款。

(3) 品牌直播PGC：一般两个及以上主播和嘉宾配合，根据主推产品来策划内容主题，类似于电视节目和电商购物结合。

(4) 定制模式：主播根据粉丝的需求，采用ODM或OEM的方式推出特有的款式，同时也保证了品质。

(5) 国外代购模式：主播在国外商场或原产地现场直播代购。

(6) 珠宝代购模式：主播介绍产品，现场与货主讨价还价，协商价格后三方成交，现场秒杀，主播赚代购费。

(7) 基地走播模式：主播在各个供应链直播基地做直播，货品由基地或者基地入驻供应链提供。

(8) 原产地模式：主播在原产地现场直播，展示工厂生产过程。

(9) 博彩模式：营造一种紧张刺激的氛围，让粉丝持续不断参与进来，有买到不如抢到、抢到不如抢不到的刺激感。

(10) 秀场娱乐模式：通过舞蹈、歌曲、搞笑等内容与粉丝互动，顺便带货。

(三) 直播流程围绕 "吸粉" 和 "转粉"

整场直播内容策划包括直播模式、主题内容、产品内容、利益点、秒杀活动等。

1. 直播主题和产品内容吸引精准粉丝

主播人设定位和直播模式确定好之后，基于这两点，再来策划整场直播的主题内容和产品内容。产品类目不同，主题内容和产品内容策划的重点也不同，可以参考表3-4-1。

表3-4-1 直播主题和产品内容的策划方案

类目	主题内容	产品内容
服饰	百变穿搭、明星穿搭解读、素人改造、场景穿搭、时装秀、音乐舞蹈娱乐秀、模特大赛、档口好货、设计师分享等	模特展示、设计细节、面料特点、时尚解读、穿搭方法、品牌理念、知识输出等
美妆护肤	美妆展示、彩妆教学、护肤知识课堂、健康运动课堂、素人改造、产品测评、吐槽大会、百变妆容、化妆比赛等	产品试用、功效解说、产品测评、成分说明、实验展示、品牌理念等
珠宝文玩	珠宝鉴赏、文玩历史、现场雕刻、大师分享、文玩拍卖、产地寻宝、时尚珠宝等	产地材质、款式设计、工艺技巧、文化价值等
母婴	育儿知识、营养美食、萌娃趣事、产品测评、妈妈好物、亲子互动活动等	产品试用、功能解说、产品测评、材质说明、实验展示、品牌理念、安全解说等
家居百货	家居好物、美食厨房、家居大改造、生活小技巧、闺蜜到家、家居美学等	产品试用、功能解说、产品测评、材质说明、实验展示、品牌理念等
家具软装	家具软装搭配、家装改造、选购指南、家装鉴赏、设计师现场秀等	产品搭配、功能解说、产品测评、材质说明、实验展示、设计理念、环保解说等
美食厨房	美食教学、美食八卦、美食探店、产地寻鲜、厨神分享、美食评测等	口味口感、产地食材、烹饪吃法等
家电数码	数码评测、性能体验、发烧技巧、搞怪实验、DIY数码等	产品试用、功能解说、材质说明、实验展示、品牌理念、性能指标等
鲜花萌宠	家居装饰、鲜花种植、花园仙境、猫狗教学、爱宠分享、猫狗杂技、产品评测等	产品品种、产品展示、特点分析、养护方法等

在上述类目中，商家（主播）要针对自己直播间的观众及粉丝情况，选择合适的主题内容和产品内容，以便更好地实现吸粉和转粉。

2. 营造直播间氛围，刺激粉丝下单

确定了主题内容和产品内容后，主播要将场控互动技巧贯穿整场直播，营造直播间氛围，使观众关注并转粉，透出利益点刺激粉丝下单成交。那么如何才能吸引粉丝，增加人气，引爆直播间呢？可以从以下几方面去考虑：

（1）设置各种直播间抽奖等福利活动。例如：

①关注并分享直播间的粉丝下单立减，利用粉丝的朋友圈或者各种群内分享起到引流的效果。

②产品配置上设置若干引流款，利用高性价比产品吸引人气、带来流量，比如老罗直播间9.9元的小米水笔。

③提供秒杀限量款产品和礼品，比如卖衣服的时候将帽子和首饰等作为礼品。

④限量截屏赠送产品，前提是关注直播间或者点赞互动达到一定数量。薇娅、李佳琦就经常做这类福利活动。

⑤直播间入会领取专属优惠券或者礼品，通过淘宝官方工具"客户运营平台"可进行设置，前提是会员运营等级达到1级。

⑥互动不停，转路为粉：直播的时候一定要和粉丝不停地进行互动，让粉丝有参与感，无论是高潮时候的秒杀活动，还是让粉丝分享直播给亲戚朋友引流过来观看直播，与粉丝一定要多互动，引导粉丝关注、点赞、发文字等，而且主播在直播的全程最好充满激情。

（2）发挥助理的作用。

除了上述方法之外，直播间的助理也非常重要，可以配合主播渲染气氛。

①配合默契式：抽奖和互动期间，助理教粉丝如何领优惠券，烘托氛围，搭配卖货，这样直播间就不会单调，主播也可以适当休息。

②举例引诱式：一款产品上架，主播可以说"这个我闺蜜也在用，她很喜欢，这次一定要帮闺蜜抢一点"，助理在一旁说"我的刚好用完，这次你不要抢不到哦"。主播和助理不经意的聊天，向粉丝传递的信息是主播和助理都在使用，刺激粉丝下单。

③对比式：主播讲解一款产品后，一般会拿出提前准备好的对比图，比如线下超市或者其他地方的价格，助理可以在旁边附和，"对对，我上次买了一款就比这个贵多了"，

增加可信度。

④专业讲解式：主播讲解，助理也一起配合讲解，将一款产品讲解透彻，讲到极致。

（3）开展直播间秒杀，提高粉丝转化率。例如：

①限时限量优惠，制造紧迫感。直播过程中主播强调规定时间、规定件数、本场直播卖完无货等，刺激粉丝下单。

②买两件优惠。主播告知粉丝买两件的优惠，替粉丝算账；针对那些纠结颜色、款式的粉丝，通过举例来说明，帮粉丝做决定。

③折后再送。例如一款产品介绍到位以后，为了刺激粉丝下单，主播可以这样说："市面价格209元，今天在我的直播间不需要159，不需要129，只需要99元，你们说给力不给力，喜欢不喜欢，互动起来，公屏滚动起来，这个时候，不要着急，主播说为了给大家带来福利，今天在我的直播间99元买一，我争取再送一，劲爆不？想要不想要，但是只有200单限量。"其间助理再配合主播营造气氛，刺激粉丝转化。

④讨价还价。主播站在粉丝的立场，跟商家砍价，详细介绍产品，认同产品确实好，主播喜欢，场控和助理也喜欢，引起粉丝共鸣，并与粉丝互动，问粉丝是不是喜欢。这个时候主播话锋一转说："就是价格有一点点高，宝宝们说是不是呀，觉得是的宝宝们在公屏上打出是。"让粉丝有参与感很重要。然后主播把公屏给老板看，跟老板砍价，第一次降价，价格说出来后主播觉得还可以，但是希望老板再便宜点，老板拿出手机对比图，让粉丝感觉捡了大便宜，这时就可以开始限量秒杀。

⑤直播如戏也需演技。主播和场控（或者商家）之间可以假装吵架，对于产品价格产生争议，让粉丝认为是主播为了给他们争取优惠而和场控争吵，从而产生一种心疼主播、信任主播，愿意主动下单的心理。

(四)通过直播复盘，调整粉丝运营方案

1.直播数据复盘

每场直播结束后，记录直播数据，以便接下来有针对性地进行调整和优化。建议每周做一次总结，如表3-4-2所示。

表3-4-2 直播数据复盘表示例

×××旗舰店直播数据报表

日期	星期	封面点击率	观看次数（次）	最高在线人数（人）	观看时长（秒）平均	观看时长（秒）粉丝	直播间浏览次数（次）总次数	直播间浏览次数（次）粉丝浏览次数	新增粉丝数（人）	商品点击次数（次）总次数	商品点击次数（次）粉丝占比	直播引导成交总金额（元）
9月7日	周一	6.40%	8502	46	119	206	16967	32.92%	341	7078	36.79%	27802.33
9月8日	周二	5.74%	12723	95	122	200	27806	28.73%	1349	11827	32.21%	14069.66
9月9日	周三	10.56%	20141	90	119	188	50837	31.03%	652	24924	34.30%	166377.25
9月10日	周四	8.73%	19266	245	155	270	36804	31.06%	720	10426	28.54%	63396.75
9月11日	周五	9.79%	18616	288	164	290	38001	31.26%	685	10247	30.16%	65033.65
9月12日	周六	6.92%	17663	361	169	239	34977	34.85%	571	9535	31.97%	50537.38
9月13日	周日	7.12%	23742	592	198	245	47258	38.34%	617	9902	34.42%	47726.45

店铺直播工作内容概括

序号	工作内容
1	直播脚本设计和优化。
2	主播和场控了解直播脚本流程和活动产品，进行相对应的货物整理。
3	店铺直播间准备工作（灯光、道具、场景搭建，摄像头测试等）。
4	主播和场控培训，货物整理，熟悉了解产品和活动内容。
5	直播间各个渠道的预热内容比如直播预告、微淘预热、新浪微博预热、短信召回等。
6	直播复盘、直播数据记录和分析。

店铺直播数据分析和建议

序号	数据分析和建议
1	本周直播间PV 120652，UV 53608，场均每小时UV 553，新增粉丝数4935人，转粉率9.2%；目标转粉率至少为10%，没达到最低要求。 优化建议：主播持续在开播、在线人数高、活动互动的时候口播引导关注宣导关注，直播间能及时知道开播时间，关注直播间能享受直播间专属福利，以利益驱动粉丝关注，提高转粉率。

续表

店铺直播数据分析和建议	
序号	数据分析和建议
2	本周直播间平均停留时长150秒,粉丝平均停留时间234秒;粉丝平均停留时间时长比上周增加了40秒,目标达到300秒以上。 优化建议:增加粉丝观看10分钟领红包的福利,主播引导关注的同时告知粉丝观看福利红包,拉长观看时长。
3	本周直播间粉丝浏览人数15679人,粉丝支付人数3338人,粉丝成交转化率21.3%,目标达成30%以上。 优化建议:不同等级的粉丝在直播间下单给予不同力度的折扣优惠,例如铁粉9折,钻粉8.5折,挚爱粉8折。主播口播引导粉丝做等级提升任务,强调直播间粉丝等级的不同专属优惠。
4	本周直播间每天开播,开播时长12小时,周一到周六开播时间为12:00—24:00;周三到周五增加8:00—12:00这个时间段4个小时;周日开始调整为每天两场,第一场9:00—17:00,第二场20:00—24:00;根据周日的数据来看,调整开播时间提高了观看次数和在线人数。 优化建议:保持目前的开播时间,每天两场,第一场9:00—17:00,第二场20:00—24:00,继续观察数据情况。

2. 直播内容复盘

每场直播结束后,商家(主播)应对直播过程中主播的表现、产品价格、场控节奏等进行回顾,将直播间粉丝提出的问题进行罗列,尤其是经常提到的问题要进行整理,制订回答预案,以后遇到相同问题时可尽快回复。表3-4-3所示是直播内容复盘表示例。

表3-4-3 直播内容复盘表示例

直播内容复盘			
日期	视觉听觉优化 (颜值、妆容、搭配、画面、清晰度、声音、陈列)	转粉互动优化 (福利贴图、关注引导、粉丝回复、内容设计、激情、亲和力)	销售优化 (痛点问题、FA表达、B放大、形象展示、权威从众、价格对比、稀缺、场控节奏)
9月8日	妆容整洁、服饰得体;直播间灯光均匀,亮度适宜;麦克风收音效果好;商品陈列整齐;画面清晰度高。	99活动贴图放右侧,顶部与主播肩部并列,展示效果好;在晚上9点流量快速增加的时候没有及时引导观众关注,粉丝转化率下降,助播需实时关注后台在线人数变化并及时提醒主播进行粉丝转化引导。	今天是99活动预热,主要目标是引导收藏加购,还是有很多粉丝直接下单,没有等第二天活动再下单,说明主播没有在直播间说清楚今天收藏加购第二天活动下单是有优惠的,没有放大活动优惠的稀缺性,之后的大促活动预热需加强说明和引导。

续表

日期	直播内容复盘		
	视觉听觉优化 （颜值、妆容、搭配、画面、清晰度、声音、陈列）	转粉互动优化 （福利贴图、关注引导、粉丝回复、内容设计、激情、亲和力）	销售优化 （痛点问题、FA表达、B放大、形象展示、权威从众、价格对比、稀缺、场控节奏）
9月9日	妆容整洁、服饰得体；直播间灯光均匀，亮度适宜；麦克风收音效果好；商品陈列整齐；画面清晰度高。	活动贴图有进行展示，直播间大促活动氛围一般，下次大促可对直播间进行活动主题装修；主播状态跟预热时候差不多，大促时可以更有激情，制造抢购氛围。	直播间今天的9.9秒杀活动是为了拉长观看时间，不能和日常的秒杀活动一样告知粉丝具体的秒杀时间，建议话术：秒杀随时都可能开始，宝宝们不要走开哦，今天福利满满哦。在线人数高的时候，应该介绍主推产品和活动优惠，提高销售额，不要过于频繁地宣导秒杀活动；秒杀一个小时内最多两次，最好是一次，频率过高不利于正常商品转化。
9月10日	妆容整洁、服饰得体；直播间灯光均匀，亮度适宜；麦克风收音效果好；商品陈列整齐；画面清晰度高。	99活动福利贴图继续展示；重点讲解直播间活动优惠和产品卖点展示，快速引导粉丝下单。	今天秒杀活动节奏把控还可以，优化一下产品讲解，不用跟平时一样很详细，加快节奏说明主要卖点和99大促优惠的力度和限时性，提高销售额，保持状态，明天是活动的最后一天。

 粉丝分类管理

（一）管理方式

1. 粉丝统一管理（包含店铺会员和直播间粉丝）

（1）使用淘宝官方工具"客户运营平台"，可以对全店粉丝进行统一管理。商家等级划分和等级匹配权益如表3-4-4、表3-4-5所示。

表3-4-4 商家等级划分

商家等级	会员规模	会员权益在线天数 (专享礼券/积分兑换/会员买赠)	权益领取量(礼/券)	核销率
0级	无要求	无要求	无要求	无要求
1级	500(含以上)	在线13天及以上(15天内)	30	无要求
2级	5万(含以上)	在线15天(15天内)	300	30%(含以上)

表3-4-5 商家等级匹配权益

	会员积分	店铺首页会员官方模块	会员商品券/复购券	购后页面招募入会	微淘会员权益展示	店铺底部bar会员中心入口	商品详情页会员券展示	直播间会员运营	淘宝群会员运营	专属客服融合	商品详情页会员招募	消费者无门槛入会	会员日
0级	有	有	有	有	有								
1级	有	有	有	有	有	有	有	有	有				
2级	有	有	有	有	有	有	有	有	有	有	有	有	可报名

(2)采用常用功能进行管理。如:客户分群、会员等级、会员积分、会员权益、直播间会员运营(直播间入会领取优惠权益)、短信营销、兴趣人群召回、定向海报、优惠券关怀等。

2. 分群管理

根据粉丝画像分析,制订出合适的分群。比如,按照新粉、铁粉、钻粉、挚爱粉分群管理,按照不同地域分群管理,按照八大人群分群管理等。可以使用淘宝粉丝群,也可以使用微信群,建议使用微信群,粉丝使用率高、触达率高,但要注意不要违反淘宝规则。

(二)粉丝维护

1. 召回粉丝

通过客户运营平台的短信工具、微淘、粉丝群、直播推送等召回粉丝,吸引粉丝回到直播间。

2. 提升粉丝活跃度

主播应定期与粉丝进行互动，可以与粉丝聊聊热点话题，或投放限量的、优惠较大的产品激活粉丝，也可以设计签到打卡玩法等。

3. 粉丝亲密度

淘宝直播平台的粉丝按照亲密度分为不同层级，主播可以根据粉丝的等级设置不同的福利策略，以便更好地维护粉丝。粉丝亲密度是粉丝和主播之间互动的频率指数，粉丝进入主播直播间，进行一系列行为后积累淘宝直播间积分值，达到一定亲密度分值后，可升级为不同等级的主播粉丝。积分越多，粉丝等级越高，享受的权益越多。

（1）粉丝亲密度等级。粉丝亲密度的等级如表3-4-6所示。

表3-4-6　粉丝亲密度等级

对应等级	等级数量	分值区间	单个主播亲密度每日上限
新粉	★★★	0～499	200
铁粉	★★★★	500～1499	300
钻粉	★★★★★	1500～14999	400
挚爱粉	★★★★★★	15000＋	1000

（2）粉丝亲密度加分规则。粉丝亲密度的加分规则如表3-4-7所示。

表3-4-7　粉丝亲密度的加分规则

亲密度加分项	淘宝分值	淘宝直播App分值
直播签到	＋2分值	＋4分值
累计观看4分钟	＋4分值	＋8分值
累计观看15分钟	＋10分值	＋20分值
累计观看35分钟	＋15分值	＋30分值
累计观看60分钟	＋20分值	＋40分值

续表

亲密度加分项	淘宝分值	淘宝直播App分值
关注主播	+10分值（仅限第一次关注）	+20分值（仅限第一次关注）
发表评论	+4分值（单日上限5次）	+8分值（单日上限5次）
分享直播间	+5分值（单日上限5次）	+10分值（单日上限5次）
点赞满20次	+10分值（单日上限1次）	+20分值（单日上限1次）
访问商品详情页	+5分值（单日上限1次）	+10分值（单日上限1次）
每购物达10元	+1分值（无限）	+1分值（无限）

四 粉丝运营方案的执行

(一)粉丝运营岗位及其工作职责

1. 粉丝运营总监

(1)制订粉丝运营整体方案。

(2)推进粉丝运营方案的执行,并根据实际情况进行优化调整。

(3)推进工作的同时与其他部门进行相互配合,确保粉丝运营计划有利于公司整体发展。

2. 直播间主播

(1)负责直播内容和产品讲解,与粉丝互动等。

(2)协助直播内容策划,对粉丝运营提出自己的建议。

(3)深入了解公司各个产品。

3. 直播间场控

(1)协助配合主播直播内容。

（2）确定直播流程，提醒主播把控节奏。

（3）带动直播间气氛，及时将下单情况等数据反馈给主播。

4. 粉丝运营文案专员

（1）粉丝的分类管理执行。

（2）粉丝运营文案策划，包括但不限于活动话术、标语、微淘编辑等。

5. 粉丝运营数据专员

（1）记录并分析相关数据。

（2）熟知平台相关工具的使用。

（3）监控直播数据，辅助监控直播间内容。

（二）执行进度跟踪

1. 直播数据记录

直播结束后，查看并记录数据，如图3-4-5所示，路径：【淘宝直播后台】—【我的直播】—【查看数据详情】。

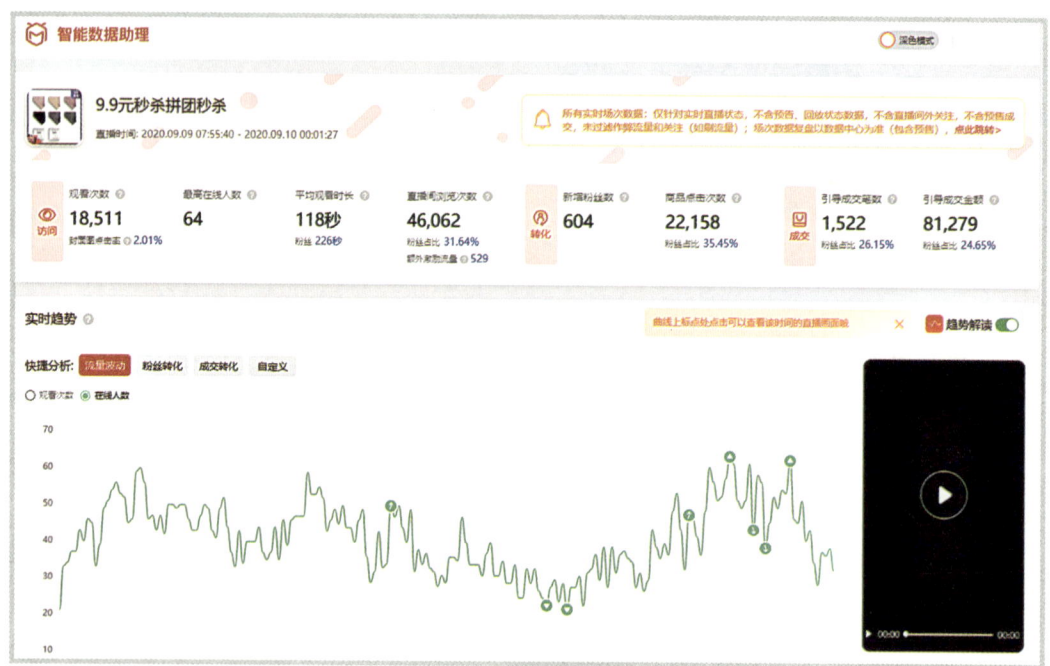

图3-4-5 直播数据记录

2. 直播数据分析

把直播数据汇总到直播数据复盘表中,每周进行总结和分析。

3. 直播数据优化

根据不同的阶段(第一阶段粉丝运营初期,第二阶段粉丝运营成长期,第三阶段粉丝成熟维护期)的目标,对重要指标进行优化,粉丝运营部门开会讨论,共同完成具体优化方案。

(三)执行进度考核

1. 第一阶段粉丝运营初期考核

侧重考核新增粉丝数、转粉率、封面点击率、平均观看时长等。

2. 第二阶段粉丝运营成长期考核

侧重考核新增粉丝数、转粉率、平均观看时长、粉丝成交转化率。

3. 第三阶段粉丝成熟维护期考核

侧重考核粉丝成交转化率、粉丝回访率、粉丝成交额。

4. 运营方案周期性调整及完善

通常每个月都需要进行一次运营方案的周期性调整和完善,分析每个阶段的目标完成情况,如果效果不佳,要分析并找出原因,逐一解决和完善。

粉丝画像分析案例(以某母婴品牌为例)

母婴品牌有个比较大的特点,就是购买者和使用者不同。通常情况下商家会针对使用者优化产品,而研究购买者的时候就会突破产品本身,研究购买者的属性,分析购买者的画像。

1. 粉丝画像初判

从性别比例和年龄来看,该品牌的粉丝主要是26~35岁的女性;从地域分布上看,粉丝主要集中在一、二线城市;从职业和兴趣爱好来看,粉丝多为白领、个体工商户、教职工等,家庭主妇占比也较大。根据这些数据可以初步判断，粉丝中中等收入家庭偏多，家庭年收入大概在15万~25万元。

分析过程中遇到一个问题，到底是职场妈妈占比大还是全职妈妈占比大呢？通常来说，职场妈妈和全职的妈妈的关注点、焦虑度、话题是不一样的，于是商家对粉丝画像进行了优化。

2.粉丝画像优化

第一次优化，商家发布了"这样实现35岁职场第二春""家庭'煮'妇请进，职场妈妈绕行"这样两个直播内容，观看量分别是1238、10342，可见职场话题不符合粉丝需求。

为了证实这个判断，商家进行了第二次优化。还是以职场妈妈和全职妈妈两个主题发布直播内容，观看量分别是2842、8103，依旧是全职妈妈主题的内容观看量高，据此可以判断粉丝中全职妈妈占比多，初步断定粉丝画像为"家庭主妇"。

商家继续进行第三次优化，发布了"十分钟搞定美味红烧鱼""带娃出国，没人会告诉你这些"两个直播内容，根据观看量判断出粉丝的家庭收入和购买能力。得出的结论是粉丝对高消费项目不太关注，佐证了商家最开始对粉丝的判断：中等收入，全职妈妈。

3.总结

通过粉丝画像分析，确定画像维度，然后对画像数据进行收集，再分析，初步得出结论，产出主题和直播内容，再根据直播内容的反馈持续优化，持续改进，经过3次以上的测试最后确定准确的结论，然后据此产出直播内容。

第五节　危机应对

直播间的危机可小可大，新手主播一般都会遇到各种各样的突发情况。不仅仅是新手主播，就连有着完整运营团队的大主播也无法避免很多由于硬件、网络、系统引起的无法正常直播的突发情况。例如，罗永浩的前几场直播都出现了掉线、上传不了商品等情况。除了软硬件危机外，直播过程中因价格、产品质量等出现问题的情况也时有发生，我们统称这些事件为直播事故，或是直播危机，既然是危机情况，就可以提前做好应对预案，本节总结了常见的危机及其应对方案，一起认真学习和实操吧！

 软硬件危机及应对

（一）推流软件无法登录

临近预告的开播时间，但是推流软件就是没法登录，是不是会很着急？检查网络正常，但是PC端就是无法登录，遇到这种情况不要慌张，用以下两个方法来排查解决。

1. 修改命令提示符

在命令提示符cmd窗口里执行以下命令（需要管理员权限）：

Windows 7 系统：开始菜单→附件→命令提示符。

Windows 10 系统：开始菜单→Windows 系统→命令提示符，退出360卫士等拦截软件，下面的命令每次执行一条：ipconfig/release 6 或者 netsh winsock reset。然后重启电脑，再重新登录。

2. 提示 MSVCP 120.dll、MSVCP 140.dll 丢失

Windows 电脑运行淘宝直播PC版出现这两个错误时，需要在电脑中下载并安装微软 VC++2013 或者 2015 运行库。

（二）推流失败

推流过程中可能会出现以下问题：高级设置里开启连麦推流模式后点击【开始推流】按钮，提示弹窗反馈"启动连麦推流模式失败，请关闭【高级设置】→【连麦推流模式】选项后重试！"

而不开启这个模式又无法使用连麦功能，现官方正在努力维修这个问题，临时修复方案如下：

（1）下载补丁程序，将下载后的zip文件解压后得到"pc-sdk-setup.exe"文件。

（2）安装这个文件后，重启淘宝直播电脑直播推流工具即可成功解决。

另外，有时候连麦推流模式无法被打开，提示窗口如图3-5-1所示。

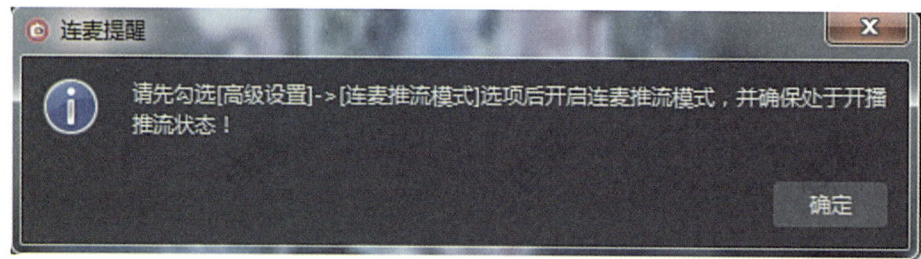

图3-5-1　连麦推流模式无法打开

对应解决方案如下：

（1）请先停止推流（即确保当前推流开关为关闭状态）。

（2）点击高级设置，打开连麦推流开关（即确保连麦推流模式为打开状态）。

（3）重新点击开始推流按钮，随后即可正常使用连麦功能。

（三）画面频繁模糊

如果遇到画面时而模糊时而清晰的情况不要慌，很有可能是因为摄像头开启了自动对焦功能，那如何关闭呢？方法如下：

（1）使用罗技摄像头的，在Windows 7系统下可以下载摄像头管理软件来打开或关闭自动对焦。

（2）其他型号的摄像头请询问摄像头的卖家来了解如何打开、关闭自动对焦开关。

(四)黑屏、卡顿、没声音

激情卖货的时候突然黑屏、卡顿,担心粉丝离场,担心被判挂机,不要慌张,马上用下面的方法排查解决:

1. 造成直播卡顿的原因及解决方案

(1)电脑性能不足。直播过程中电脑CPU不宜超过50%,推流软件右下角有实时CPU数值显示,直播过程中可以查看。

(2)网络带宽不足、抖动。直播依赖网络上传速度,而不是下载速度,淘宝直播PC版要求至少5Mb/s的上传速度。如果出现这种情况,可以用网络测速工具查看上传速度。

(3)摄像头问题。观察推流软件上的摄像头预览画面,如果预览画面卡顿,很可能是摄像头造成的,这时可以考虑重启电脑,如果总是出现这个情况,可以考虑更换摄像头。

遇到卡顿、黑屏、闪退的解决方案如图3-5-2所示。

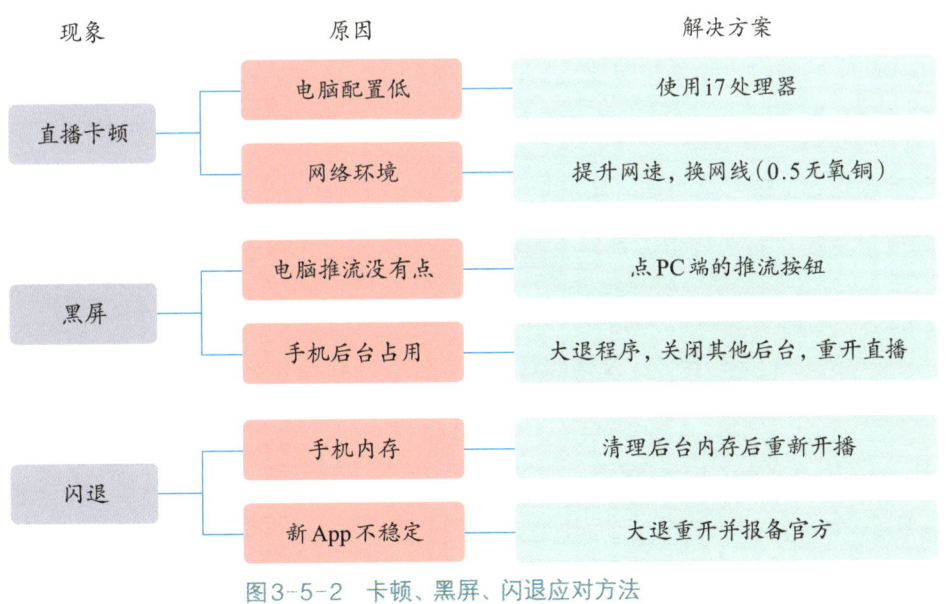

图3-5-2 卡顿、黑屏、闪退应对方法

2. 听不到声音的解决方法

直播软件支持识别各项音频设备,并进行音量调控。当电脑连接多个麦克风时,可以通过点击【属性】选择麦克风(图3-5-3)。

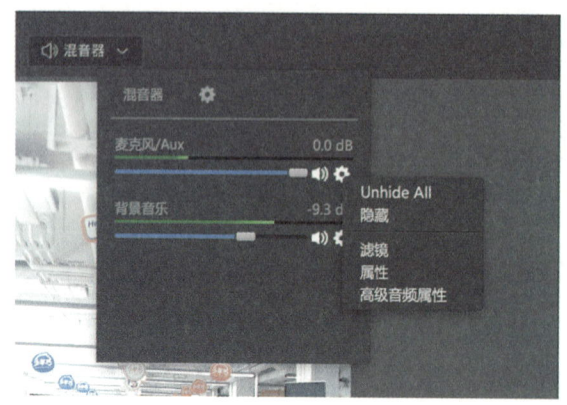 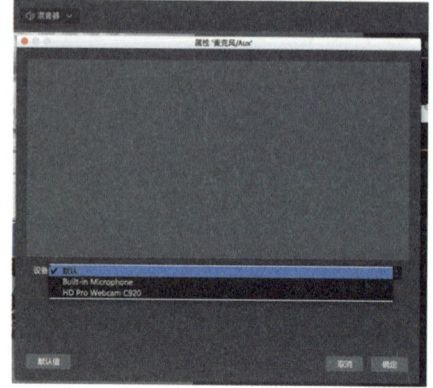

图 3-5-3 选择麦克风的操作

（五）小结

直播间故障几乎所有主播都曾遇到过，突然断线、卡顿、闪退，或者是连麦出现问题的情况并不少见。薇娅也曾在活动现场直播时遇到过卡顿、掉线的情况，粉丝在评论中表示无法看到画面，薇娅和助理一直在试图寻找现场网络和信号比较稳定的位置，并向粉丝表示歉意。

一旦遇到这种技术型问题，无论是头部达人还是普通的商家直播间，都只有通过排查故障或是更换设备等操作来恢复。直播间常见的软硬件问题及解决方法如表 3-5-1 所示。

表 3-5-1 直播间常见的软硬件问题及解决方法

常见问题	解决方法
直播中画面一直在闪，用的是摄像头电脑推流	重启程序、检查网络稳定性
黑屏、画面卡、画面不清晰	重启程序、检查网络稳定性
声音卡或无声音	检查麦克风和拍摄设备
画面饱和度低	检查拍摄设备

二 粉丝互动类危机应对

（一）直播"翻车"的应对方案

直播"翻车"是指主播在直播过程中因不熟悉产品、价格、口误等原因导致的现场失控。防止直播"翻车"的几大技巧：

1. 直播前做足功课

首先，直播前，主播及其团队要对产品进行梳理，包括产品的价格，产品能解决什么问题（痛点）；怎么样去解决问题（卖点）；自身产品与同类品的差异在哪里（亮点）。

其次，一定要检查产品的质量，了解产品的功效，熟悉产品的使用方法，避免在直播推荐产品时"翻车"。

最后，要在直播前做足功课，就好像老师在上课前要备课、演员在上台前要彩排一样，直播前要对直播内容进行筹划，制订出大致的内容流程。建议主播在直播前写好直播脚本，对直播中的每一个流程点进行细分，具体到直播过程中的某一时间段要做的特定的事。

2. 选品要以质量为先

目前，很多主播都把直播带货当作一种"促销手段"，想通过直播带货挣快钱，在选品时，容易追求低价而忽视产品的质量。

这个时候观众下单要么由氛围所致，要么是为了追求更低的折扣，本身粉丝黏度就不高。如果再因为产品质量而"翻车"，导致粉丝取消关注，前期所建立的信任归零，最终也只是一次性买卖。只有质量为先，才能有长远的发展。

3. 提前制订解决方案

由于直播带货"翻车"事故频发，即使是薇娅、李佳琦也很难完全避免，而一旦遇到假货，主播的形象受损，结果是难以挽回的。如果货品出现问题，承担消费者最大火力的一定是主播本人，而非背后的商家或平台。因此，建议主播及其团队提前制订好应对方案。比如在出现问题后，主播第一时间发布回应，联系品牌方寻求最佳解决方案，说明退货、退款和相应的补偿方案等。

4. 售后服务有保障

直播带货的光鲜背后，是居高不下的退货率，售后一直是直播的"老大难"问题。在这样的背景下，主播想要在直播带货中"名利双收"，一定要做好售后服务，让消费者售后有保障。建议主播建立粉丝群，安排售后客服，对于消费者售后问题及时解决，这样不仅能建立用户与主播的信任感，还能提高直播间的复购率。

（二）应对"黑粉"

听到"黑粉"这个词，大家应该不陌生，再受欢迎的明星也有"黑粉"的存在，更不要说是主播了。"黑粉"虽然为主播的成长带来了阻力，但也能提高主播的抗压能力、危机应对能力、语言技巧，为主播的成功助力，所以不要提"黑粉"变色，而是要正确从容地对待"黑粉"的存在，下面说几点应对"黑粉"的方法与调整心态的方法。

1. 不被弹幕激怒

看到图3-5-4所示的弹幕，主播是不是会生气？既然选择当主播，就不能轻易被激怒。遇到挑衅的"黑粉"先别急，看不惯可以眼睛自动屏蔽掉；小说小闹可以当成是玩笑，趁势自黑一把活跃气氛；玩笑开的次数太多或者太过分的，可以让管理员禁言。尽量冷静理智地解决，避免采用激烈的方式。

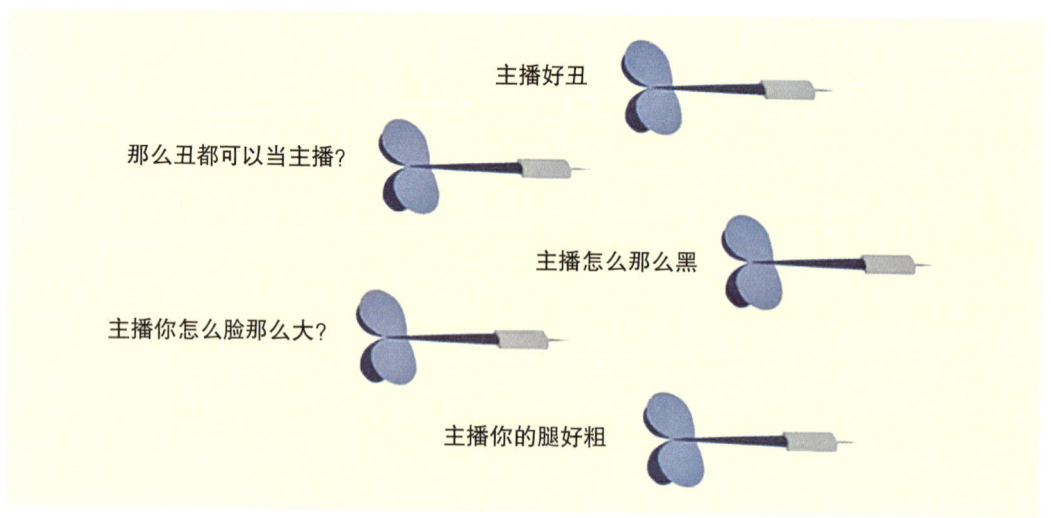

图3-5-4 直播间"黑粉"弹幕

2. 不在直播间里和"黑粉"互骂

在直播间和"黑粉"互骂是一种不理智的行为，如果按捺不住脾气，一时间虽然感觉舒服了，但是祸从口出，会给个人形象和公司带来不好的影响，严重的话会影响自己今后的资源。其次，也会面临粉丝的质疑，本来和和气气的直播间被搞得气氛尴尬，真正的粉丝也可能流失。

3. 修炼强大的内心

火了之后肯定会有"黑粉"，有"黑粉"证明有人气。完全可以把"黑粉"看成是直播路上的一个个历练，只有在经历过一次次被黑被吐槽之后，才会修炼起无比强大的内心。所以可以从这个角度来考虑，调整心态，自如面对直播间里"黑粉"的弹幕。

4. 用自己的实力让"黑粉"变"真粉"

"黑粉"也是粉丝，能够将潜在粉丝转化为真粉丝，是实力的体现。很多"黑粉"即使讨厌主播，也会偶尔偷偷地去关注他（她），隔三岔五去他（她）的直播间"闹腾"一下。不要把时间浪费在跟"黑粉"斗智斗勇上，最重要的还是要修炼自己，让"黑粉"打从心底里认可自己，实现"黑转粉"。

（三）链接、优惠券错误的应对方案

1. 宝贝上错了

目前直播中添加的宝贝无法删除，若添加错误，可以重新发布直播。

在直播开播后，通过中控台添加宝贝，点自定义输入利益点、优惠信息即可。

2. 链接失效、价格出错或是优惠券失效

失效链接可以点击中控台的更新按钮，如果无法解决，则需要直播间运营第一时间处理，及时和品牌方联系。如果出现无法当场解决的问题时，可以让拍下的粉丝先不付款，主播正常进行后续商品直播，运营则继续与商家沟通，并随时更新进展，不能因为此类问题导致直播的流程或是进度出现变故。

三、违规类危机应对（以淘宝直播为例）

（一）直播中突然被拉下线

1. 检查违规

直播间被突然拉停建议先查看是否被处罚，可以通过千牛卖家中心的"体检中心"查看违规记录（图3-5-5）。若店铺没有被处罚，建议退出直播客户端重新发起直播。

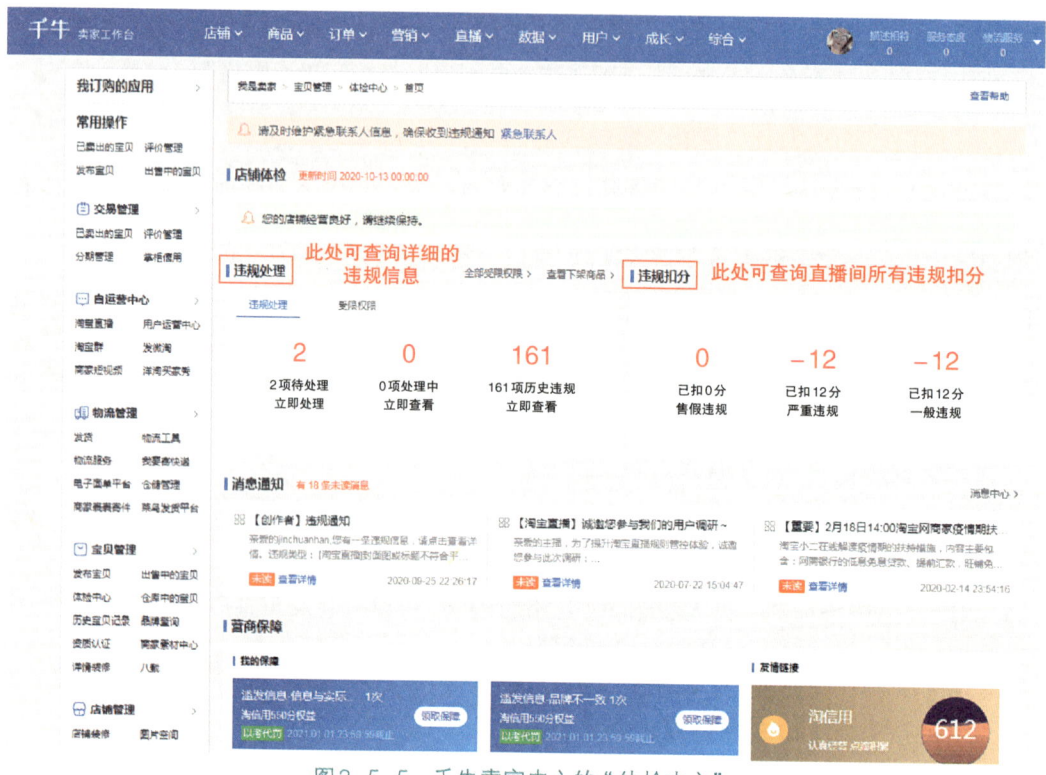

图3-5-5　千牛卖家中心的"体检中心"

2. 违规处罚

不同违规情形对应的处罚及对应的限制时间不同，淘宝《内容创作者管理规则》针对具体违规情形设置了对应的处罚措施。主播要特别关注自己的账号在A类、B类、C类违规上的扣分情况，当扣分达到节点时，平台还会对创作者采取相应的节点处理措施，详见第二章第四节表2-4-1。

3. 反馈通道

如果找不出原因，可以向淘宝平台进行反馈。"淘宝主播"App的反馈通道如图3-5-6所示。

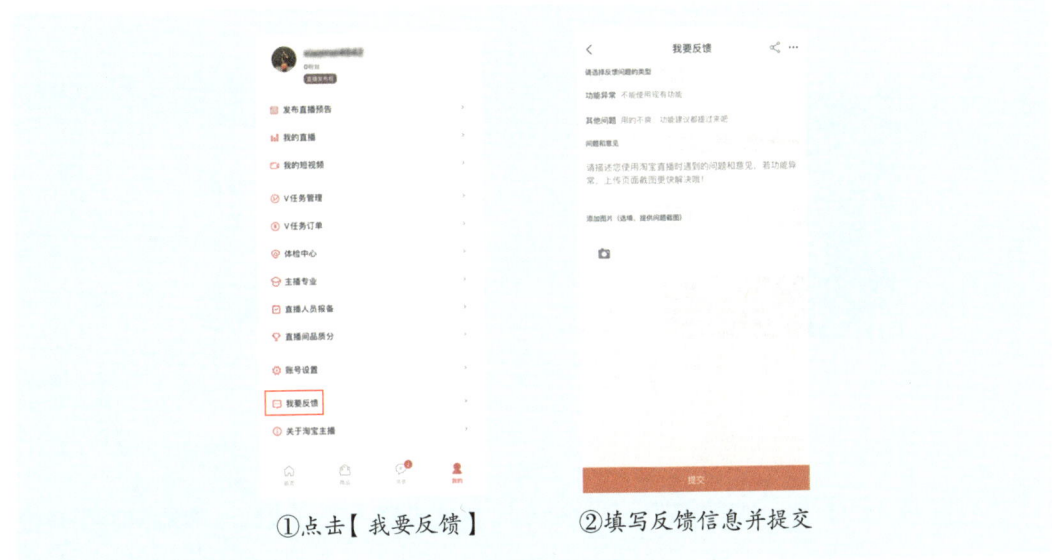

①点击【我要反馈】　②填写反馈信息并提交

图3-5-6　移动端反馈通道

（二）场观数据异常

1. 检查封面图违规信息

查看违规信息路径：在"淘宝直播"App中点击【我的】—【消息通知】；或在阿里创作平台中点击【账号状态】—【处罚记录】。

2. 钉钉平台咨询

（1）钉钉群咨询。淘宝直播官方商学院是一个钉钉群，是由淘宝直播主导创办的，旨在帮助商家、主播提升直播及私域运营能力的学习平台。平台上的学习资料和课程主要涵盖淘宝直播最新的产品介绍和操作说明、平台规则、直播玩法技巧、优秀案例经验等，所有内容均来源于官方或官方认证。使用钉钉扫描图3-5-7所示的二维码，填写相关信息就可以加入。

图3-5-7 加入淘宝直播官方商学院

（2）咨询钉钉小蜜。钉钉小蜜是7×24小时智能机器人，可以随时随地回答用户提问。在加入淘宝直播官方商学院后，钉钉搜索"淘小蜜蜜"并点击进行聊天，可以咨询异常原因，如图3-5-8所示。

图3-5-8 钉钉小蜜

如果有紧急问题，可以在人工服务时间，在与淘小蜜蜜的对话窗口中直接输入"转人工"，唤起人工服务。

3. 手淘反馈入口

如粉丝突然看不到主播的直播间评论,可让粉丝们提交问题反馈。粉丝点击手机端直播页面右上角,点击【我要反馈】,填写反馈意见,如图3-5-9所示。

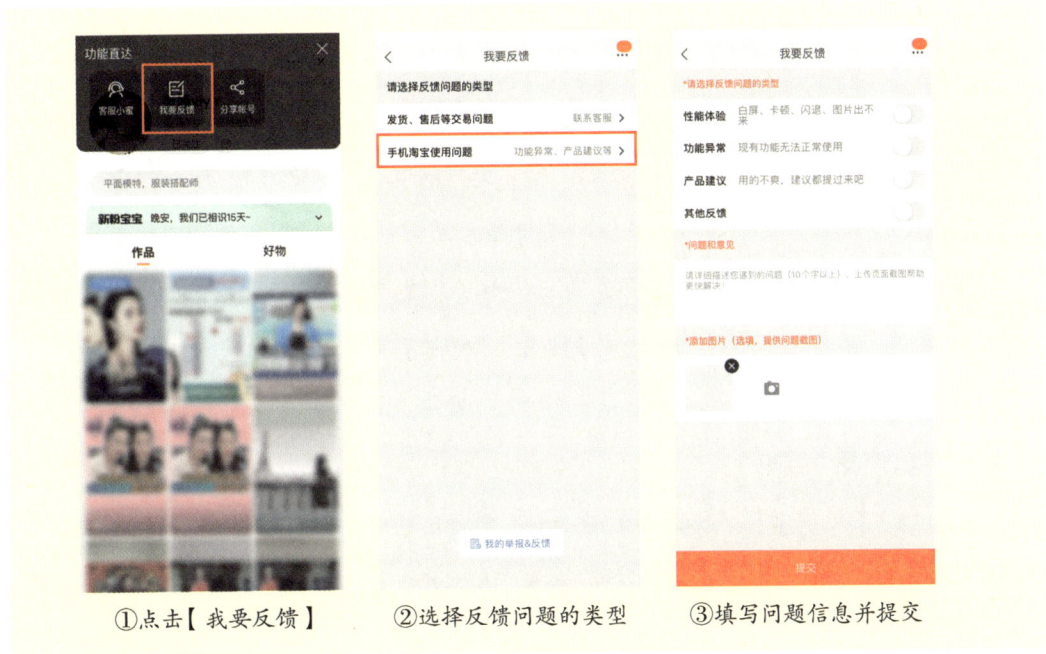

①点击【我要反馈】　②选择反馈问题的类型　③填写问题信息并提交

图3-5-9　粉丝问题反馈

直播带货"翻车"案例

1. 价格"翻车"

2020年6月,中国消费者协会公布了《6·18消费舆情分析报告》,点名罗永浩直播"翻车"。中消协表示,火爆的直播带货营销场景中,平台责任意识、品质意识缺失的现象值得警惕。

有网友在观看了罗永浩的直播后表示,罗永浩直播间部分产品价格比天猫、京东等电商平台贵,不符合直播间宣传的"全网最低价"。经比价发现,罗永浩团队在直播中售价2448元的录音笔,其他电商平台只要2398元;一款台灯,罗永浩直播间售价279元,而其他平台售价为269元。在直播中,老罗刚喊完"上链接",多个平台立刻给出了"低过老罗"的价格。"低过老罗"一时成为网络热词。

对于中消协点名，罗永浩在6月30日回应称，感谢中消协的监督。罗永浩还表示："虽然竭力避免'翻车'事故，但当意外情况真的发生时，我们也都竭尽所能让消费者的利益受到保护。"他给出补偿措施为：所有订单统统免单，并且还双倍赔偿！

达人直播的优势之一就是能拿到"全网最低价"，还会和商家签订保价协议，确保数月内不会再出现更低的价格。但不是每个品牌都遵守"最低价"的约定，并且当粉丝发现这不是最低价时，可能会直接导致粉丝和主播之间的冲突。主播们遇到此类价格问题时，一般都是先去核实，确认后通常会站在粉丝这边，以不再与品牌合作作为表态，也强调对"全网最低价"的坚持。

2.产品"翻车"

（1）不粘锅事件。2019年10月9日，李佳琦在直播过程中，为展示某品牌锅具不粘锅，现场通过煎鸡蛋进行验证，却发生了粘锅。

李佳琦的处理方法：2019年11月2日，李佳琦回应称：经过四五天的反复实验，发现问题出在使用这款不粘锅时，没有按照说明书上要求"用前先放入水煮沸后倒掉"导致。并向记者展示了锅具说明书，并现场用旧锅、新锅做了试验，结果显示，使用旧锅无油煎蛋未粘锅，而使用未"过水煮锅"的新锅无油煎蛋则再次发生粘锅。

（2）大闸蟹事件。2019年11月，有网友质疑李佳琦9月在直播间推荐的大闸蟹涉嫌虚假宣传。

李佳琦的处理方法：2019年11月13日，李佳琦工作室发表声明称：李佳琦在直播间介绍产品时失误，把"阳澄状元"大闸蟹说成"阳澄湖的大闸蟹"，是因为公司在解读商家提供的信息时出现偏差。消费者出现任何售后问题公司将协同商家负责到底，确保消费者利益得到保障。李佳琦本人也转发微博表态："引以为戒，提升自我，不辜负消费者信任。"

第四章

直播数据及其优化

第一节 直播数据概况

与传统电商一样,电商直播并不是简简单单上个产品就可以了,还需要运营。经营好一个直播间,如果说主播的重要性占30%,那么运营的重要性就占70%。运营需要以数据和结果为导向,不断做出优化。直播电商只有通过分析数据才能做出正确判断,找出方向和对策。本章以淘宝直播平台为例,对直播数据及其优化进行详细讲解。

电商直播运营的数据分析产品

1. 淘宝直播平台的数据产品

目前,淘宝直播平台主要提供了两个数据产品:智能数据助理和数据中心的直播诊断。

智能数据助理提供了每场直播的实时数据,主播可以边看数据边直播,根据实时数据的变化及时了解直播效果并进行调整。数据中心—直播诊断为电商提供直播账号在一段时间内的整体数据,并根据整体表现提供与同行业的对比诊断结果,商家(主播)可以据此判断账号整体的变化趋势和制订长期的优化计划。这两个产品的特点如图4-1-1所示。

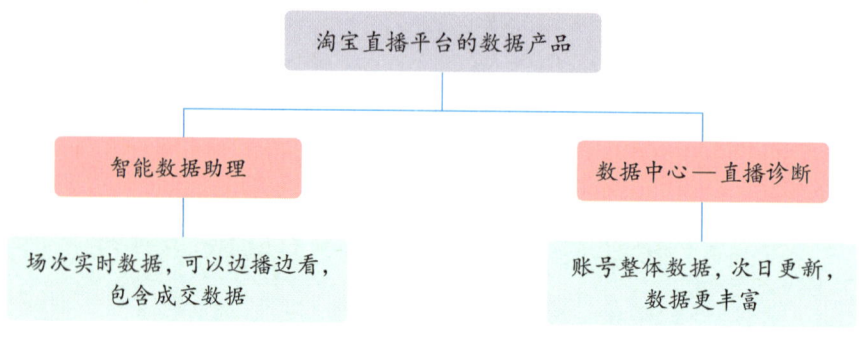

图4-1-1 淘宝直播平台的数据产品

2.非淘宝直播平台的数据产品

目前,非淘宝直播平台的直播相关数据如图4-1-2所示。

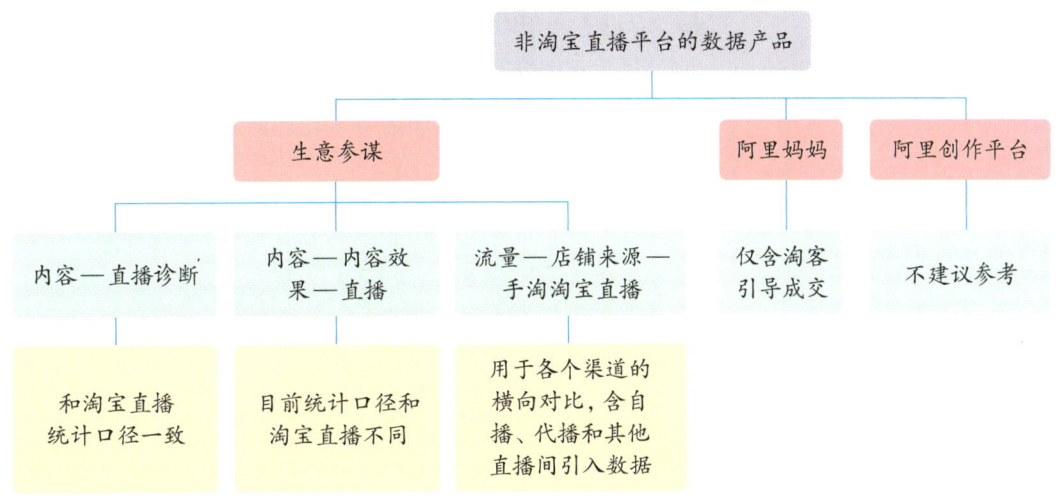

图4-1-2 非淘宝直播平台的数据产品

二 电商直播运营的核心数据

直播的效果如何?怎么样的直播才能算是一场叫好又叫座的直播?用什么来评判?这就要用到数据分析。在众多的数据中,到底哪些数据最为重要?怎么透过数据的表面看本质?怎么用表面的数据进一步分析出更深层次的信息来辅助决策,修正直播的方法,改进直播的方式,逐项有目标地提升呢?还是要从直播数据入手。巨大的直播数据指标背后隐藏的是规律,是平台的筛选机制,是消费者的认可。

很多主播会存有疑惑:为什么我的直播没有人看?为什么虽然有人看但是没人点关注?为什么没有人互动?为什么没有人下单?为什么前几天数据还不错,这几天却断崖式下降?所有的问题都可以通过核心数据分析得到答案。

商家(主播)主要应关注以下核心数据:粉丝数据、商品成交数据、流量及观看数据。本章将针对这三个方面分别进行分析。

第二节 粉丝数据

一 在线人数

在线人数是实时同时正在观看直播的总人数,不包含离开的人数,所以后台的在线人数是实时跳动的。在线人数体现了直播间留住用户的能力,是一个非常直观地体现直播间综合实力的数据,是商家(主播)在粉丝数据里首先要关注的一个指标。

(一)如何查看在线人数

在PC端直播中控台首页点击【查看详细(正在进行中的直播)】,可以实时监测直播的在线人数(图4-2-1)。

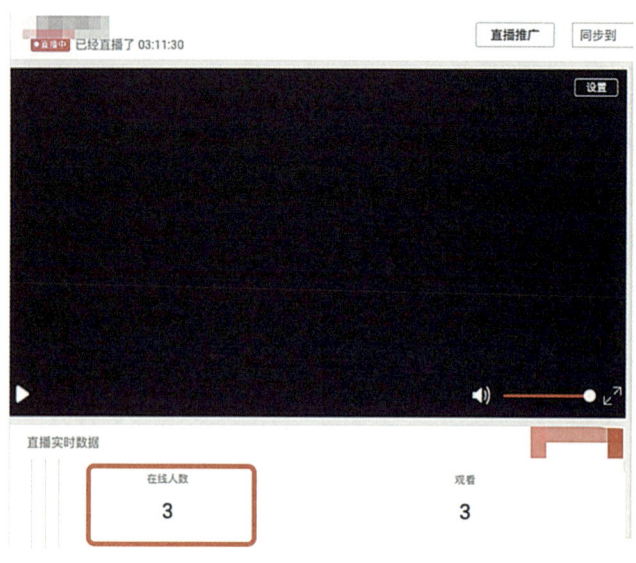

图4-2-1 在线人数查看

下播后,数据助理会提供智能解读功能,方便主播了解各个时段的在线人数,如图4-2-2所示。智能解读功能可以标记出关键指标(目前在线人数、进店次数)的最高、最低、急升、急降4类关键点,点击关键点,商家(主播)还可以看到进一步的分析、对应画面和宝贝信息。

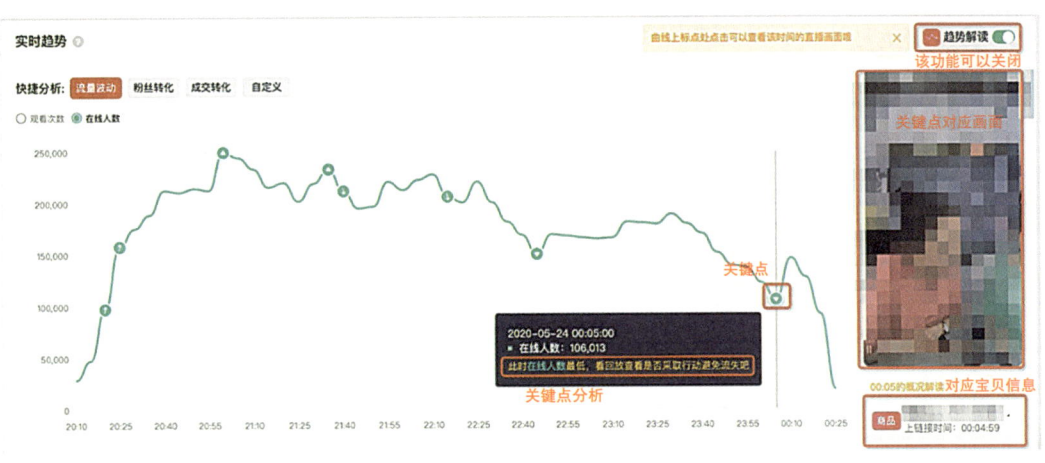

图4-2-2 智能解读

(二)如何提升在线人数

如果要提升在线人数,就要在保持有一定粉丝观看的同时,想办法增加、引入非粉丝人群。那么,如何在一场直播中引入非粉丝人群呢?可以通过以下几个非粉丝人群占比较大的流量渠道:

1. 直播看点

为了提升直播时宝贝转化的效率,优化用户观看直播时购买的体验,淘宝官方向所有商家主播、达人主播上线了"直播看点"的功能。主播在直播时,如果即将介绍某个宝贝的卖点,可以在中控台上对这个宝贝打上"标记看点"按钮,平台会根据主播的标记,生成"直播看点"内容。观众在观看直播时,根据自己的喜好,可以随时切换到该直播间内指定的宝贝讲解片段,提升观看体验。目前直播看点是在全渠道进行曝光的,包括猜你喜欢、主搜等,直播看点越多,就越有可能覆盖更广的人群,也更能引入非粉丝人群。

2. 站外引入

主播可以将站外的粉丝引导到站内,使之成为站内的粉丝,提高新粉转粉率,这有利于直播间在公域获得更多的推荐。

二 粉丝增量

粉丝增量是本场直播新产生关注的粉丝人数。新增粉丝数量的多少，是衡量直播间能否留住观看人数的一个重要指标。

在直播数据分析中，点击【粉丝情况】，可以查看本场直播的新增粉丝，如图4-2-3所示。

图4-2-3　直播数据分析中的新增粉丝数据

粉丝的增加的原因除了流量的分配和活动的流入，还有一个重要的原因是活动的力度。以淘宝商家"丽家宝贝"为例，2019年"双十二"当天，"丽家宝贝"增粉12.39万，主要原因是使用了淘宝直播间的人气互动软件，再加上淘宝直播间的113个商品都贴上了活动标签，不是买一送一，就是买一送二和大力度商品折扣，这么大的优惠力度，吸引了众多消费者下单购买并成为粉丝。

三 转粉率

（一）转粉率的计算

粉丝是直播间的固定受众，直接影响直播带货的效果，提升转粉率对于主播和商家而言至关重要。转粉率＝新增粉丝数/（观看人数－粉丝回访），新手淘宝主播的转粉率通常为3%～5%。

新访客进入淘宝直播间后，通常会有一个漫长的转化周期。购买行为本身是一个重要决策，而直播又是一个需要不断建立信任的过程，一个访客从进入直播间，到勾起兴趣,再到转粉,最后才会购买,所以直播做得好不好,转粉率是一个非常重要的指标。可以没有成交,但一定要有转粉。

(二)提升转粉率的关键

提升转粉率有两个关键点:一是用户进入直播间后能否留下来;二是用户留下来以后能否关注主播。

1. 留住用户

(1)主播的选择。

用户对于直播间的第一印象来自主播,一个适合的主播在推荐产品的时候会更有说服力,不同行业对于主播的"审美"和要求也是不一样的,表4-2-1所示为各个行业对于主播的要求举例。

表4-2-1 各行业对于主播的要求

行业类目	主播要求
女装	身材好、肤色白、形象气质佳、会搭配
男装	身高178cm以上、帅气英俊、会搭配
珠宝	手好看、声音好听、肤白
美妆	会化妆、敢卸妆
洗护	懂成分、皮肤好、年龄适合
母婴	懂成分、有育儿知识、身份共鸣
百货	了解货品、了解同行竞品
食品	微胖、对吃有无穷乐趣、阳光开朗

我们永远不知道用户在哪一秒进来,所以主播在直播的过程中,无论在语言表达还是在直播流程上都切忌出现空白期,1~2秒的空白可能就会造成一个用户流失。

(2)直播间陈列。

清晰明亮的直播间、场景性陈列,是体现品牌专业度,快速获得用户信任,提升数据最简单有效的方法。第二章对直播间的装修进行了专门论述,此处不再赘言。

（3）直播间布局。

用户通过手机屏幕来观看直播，在一个小小的手机屏的画面中，如何让用户获得愉快的观看体验是重要的第一印象。主播和产品必须处于画面的中心位置，此外，价格利益点，如限时折上折/限时立减/专区买×免1/前×分钟（小时）买赠或满赠等价格权益活动的悬浮窗必须透出，且布局在画面的左上或者右上，以不遮挡主画面为准。

2. 打动用户

（1）互动活动。

通过直播间多样的互动环节和丰富的活动来吸引用户关注。首先主播要给用户一个关注的理由，例如关注送红包/抽奖等。其次要让关注变得方便，例如悬浮窗透出信息、口播频次保障、关注卡片弹出等。然后就是要设计互动玩法，例如亲密度模块配置关注权益、入会有礼等。最后还要得到老粉认可，保障老粉权益，如老粉通过完成亲密度任务可获得专属福利等。常见的直播间互动活动如图4-2-4所示。

入会领取现金红包

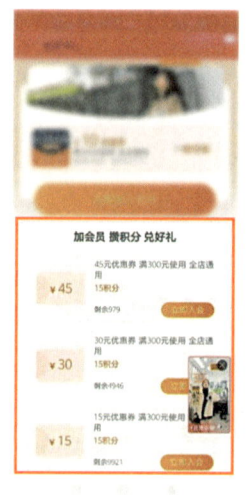
加入会员领取优惠券

主播好礼

图4-2-4 常见的直播间互动活动

（2）主播的气场。

一个主播能不能留住观众，并将其转化成粉丝，与主播的气场有较大关系。气场是一种无形的东西，能够让人不自觉地信服，除了个别优秀的主播天生就具有气场外，大多数主播都是在直播中不断调整，最终养成属于自己的气场。在直播过程中，主播要注意语气的高低和语速,语速不宜过快,吐字要清晰,心理上要树立信心才能表现得沉着冷静,久而久之就会有属于自己的气场。

(3)内容饱满度。

内容是一种信息,是双方沟通的桥梁,类型有视频、软文、直播、段子等,内容本身的意义在于拉近双方的距离,并通过软性植入达到自己的目的。在直播中,内容体现在主播的脚本中,因此,在正式开播之前,准备好直播脚本尤为重要。

四 停留时间

停留时间即一场直播的平均观看时长,计算的是在当场直播中,所有用户在直播间的人均观看时长。这一数据可在直播中控台的查看详细数据中实时查看,也可以在直播回放数据中看到,在阿里内容创作平台中也可以查看过去每一场直播的停留时间数据。如图4-2-5所示为某场直播的平均观看时长。

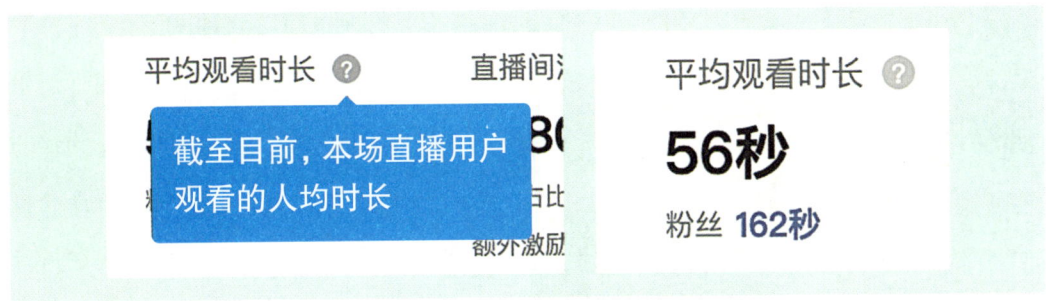

图4-2-5 平均观看时长

用户只有在直播间停留了一定的时间,才能够对产品产生兴趣,从而带来关注和成交,因此,提升人均有效观看时长对于提高直播间的转化率有着非常重要的意义。

直播间的场景是店铺(品牌)的门面,是主播与消费者交流的场所,这个场景是否符合消费者对美好的生活预期,是否有合适的设备让主播更好地展示产品,主播形象是否契合店铺产品,这些都直接影响用户的停留时间。延长用户停留时间,可以从以下几个方面入手:

1. 优化直播内容

一是要根据用户的痛点和需求进行直播内容的优化升级。例如当用户感到直播的场景千篇一律、没有新鲜感的时候，商家（主播）就可以打造直播场景化，独具匠心地开展T台秀直播、工厂直播、总裁直播。再比如，教用户如何搭配服装的直播，可以邀请设计师亲临直播现场，或者邀请形象顾问进行素人大改造，如图4-2-6所示。

二是可以结合热门话题，进行热点挖掘。例如可以直播防疫产品的使用方法、影视剧同款等。

三是可以选取自带内容属性的特色品类，如汉服、联名款、文创IP等，此类产品的达人直播会产生较好的粉丝黏性。

设计师亲临　　　　总裁到场

图4-2-6　直播间大咖助力

2．多种直播形式辅助

目前比较常见的是双屏展现、近景切换展示，也可以开展答题互动、粉丝问答等（图4-2-7）。一些娱乐性更强的直播平台还有更多互动玩法，例如在抖音平台，主播可以通过和其他直播间连麦，或者与粉丝连麦进行互动。

双屏展现　　　　答题互动

图4-2-7　直播间的多种互动形式

3．利益驱动，提升30秒留存率

采用整点发红包、点赞达×××发红包等方式，让用户停留观看。在直播间页面展示利益点、玩法预告，吸引用户停留，并不时引导用户完成点赞等亲密度任务。

五　用户分析

了解和掌握直播间用户的变化情况是提升直播效果的核心，为了帮助主播和商家更好地分析直播间用户的波动、特征并进行优化，淘宝直播上线了直播间"用户分析"功能。

（一）用户分析入口

如图4-2-8所示，该功能目前仅支持登录淘宝直播PC端中控台查看，中控台左侧导航栏可以看到入口。

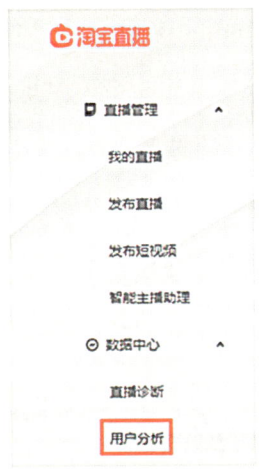

图4-2-8 用户分析入口

（二）用户活跃度诊断

点击【用户分析】，可以看到用户活跃度数据（图4-2-9）。

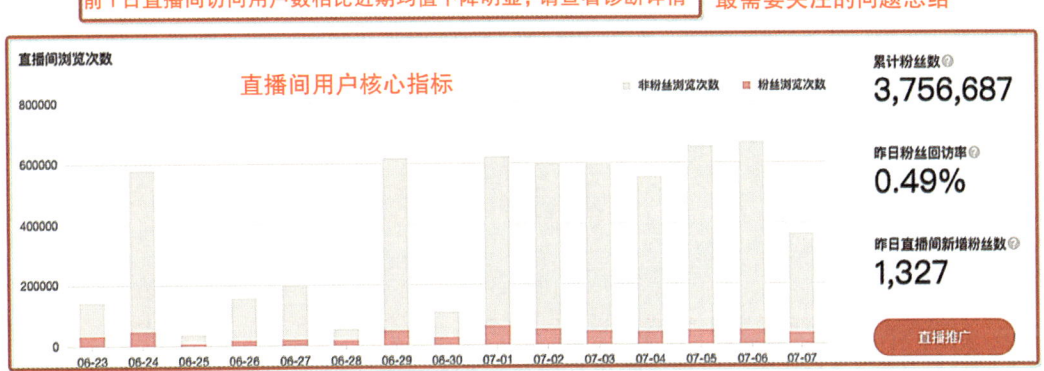

图4-2-9 用户活跃度数据

用户活跃度指标分为和自己比较、和同行比较两个模块（图4-2-10），页面上会自动展开有问题的模块，没有问题的部分会默认收起，如果想查看可以点击板块右下角的【展开】按钮。

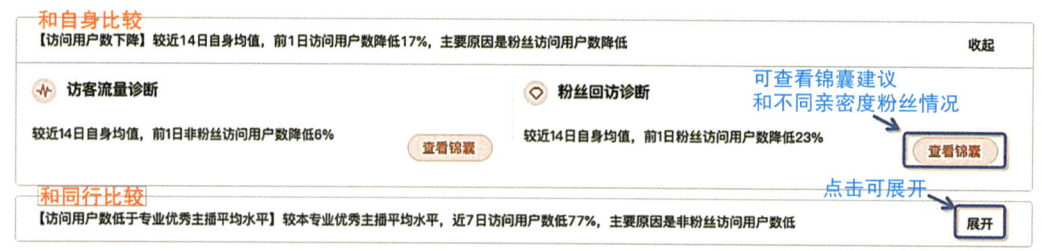

图4-2-10　用户活跃度诊断

点击【粉丝回访诊断】—【查看锦囊】，除了建议，还可以看到不同亲密度粉丝（挚爱粉、钻粉、铁粉、新粉）的回访情况，从而知道主要是哪个群体的粉丝回访导致了目前总体回访变低或者比同行低的问题，如图4-2-11所示。

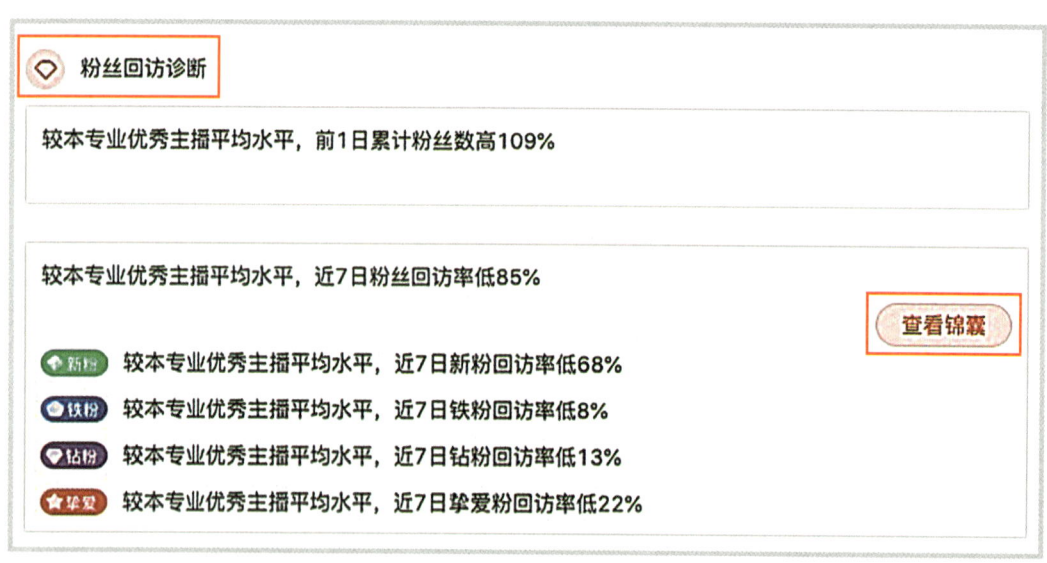

图4-2-11　提升建议

（三）用户结构

1. 粉丝层级

通过直播间粉丝运营，增加亲密度层级高的粉丝数量，从而提升直播间访问用户数，提升直播间成交效果。直播间粉丝按照亲密度从低至高，可分为普通访客、潜在粉丝、其他粉丝、新粉、铁粉、钻粉、挚爱粉，如图4-2-12所示。

用户类型	累计粉丝数	回访率	访问用户占比	种草成交金额	金额占比	单UV价值
挚爱粉	2,771	40.67%	0.85%	4,732.18	2.17%	2.55
钻粉	84,459	17.27%	11.06%	51,095.08	23.48%	2.12
铁粉	194,646	7.20%	10.62%	39,808.00	18.29%	1.72
新粉	8,627,480	0.61%	39.99%	110,319.34	50.69%	1.27
其他粉丝	12,832,069	0.01%	0.67%	430.17	0.20%	0.30
潜在粉丝	-	-	-	0.00	-	
普通访客	-	-	36.80%	11,267.90	5.18%	0.14

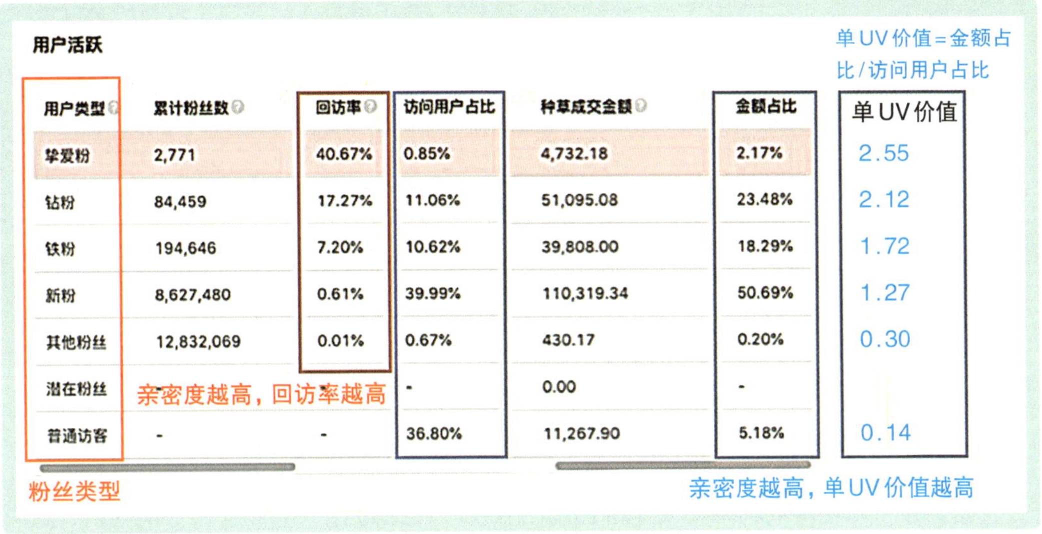

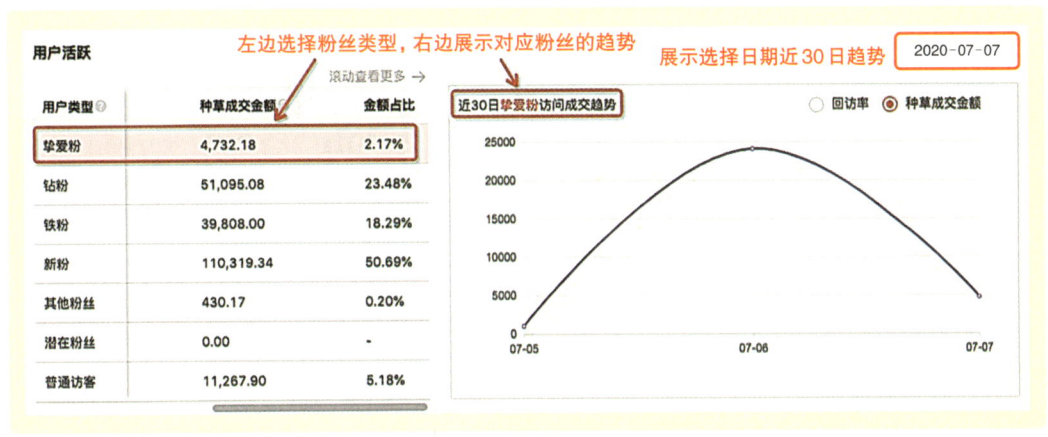

图4-2-12　直播间粉丝层级

商家（主播）要关注每场直播的其他粉丝、潜在粉丝、普通访客的占比，这些都是首次进入直播间的用户，对其进行优化是确保直播间总体效果的重要因素。点击【用户类型】，可以在右侧看到对应粉丝近30日的成交趋势，如图4-2-13所示。

用户类型	种草成交金额	金额占比
挚爱粉	4,732.18	2.17%
钻粉	51,095.08	23.48%
铁粉	39,808.00	18.29%
新粉	110,319.34	50.69%
其他粉丝	430.17	0.20%
潜在粉丝	0.00	-
普通访客	11,267.90	5.18%

图4-2-13　不同层级粉丝数据

2. 粉丝层级迁移

通过粉丝亲密度数据，商家（主播）可以了解近30日不同亲密度粉丝的变化趋势。粉丝需要不断成长，主播可以设置一段时间内达到某个亲密度粉丝的目标；也可以根据亲密度数据分析粉丝层级变化的原因，如图4-2-14所示，近30天钻粉增加明显，这时就可以分析增加的原因，为直播优化提供参考。

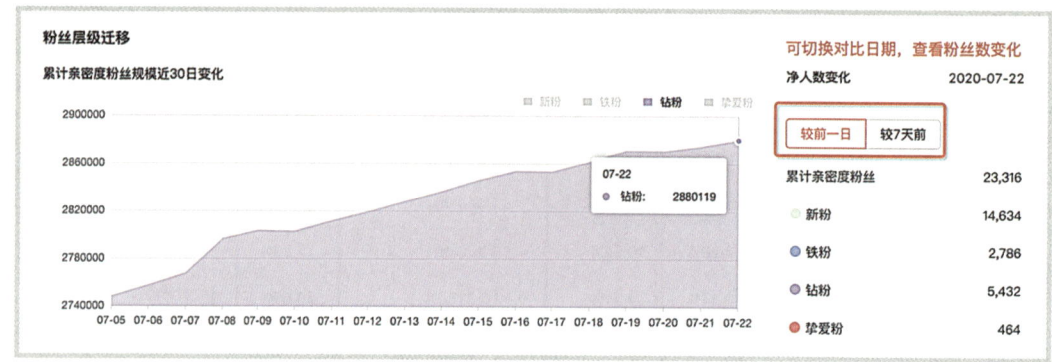

图4-2-14 近30天不同亲密度粉丝变化

3. 用户渠道分布

通过用户渠道分布，商家（主播）可以了解用户是通过什么渠道进入直播间的，从而关注不同渠道的用户价值。目前总体来看，由于"淘宝直播"App的用户黏性高、对直播的认知程度高，所以单用户价值高于其他渠道。如图4-2-15所示为用户渠道分布。

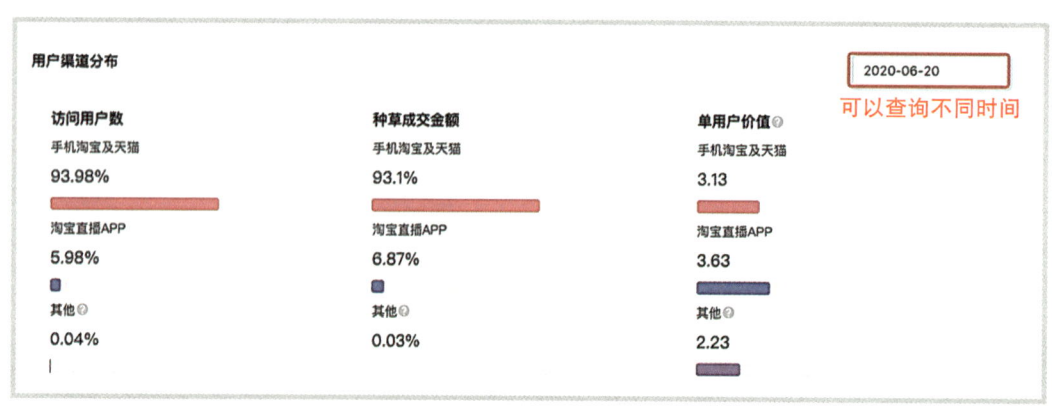

图4-2-15 用户渠道分布

4. 用户画像

自从淘宝开启精准营销的流量分发机制之后，用户标签的采集是非常关键的，平台对用户的购物行为、购物喜好、职业、消费力、个人爱好、地域等开始贴标签，同时也为电商和主播贴标签，当用户和商家（主播）两者标签匹配度极高的时候，就进行精准推送。通过查看直播间用户的画像，商家（主播）可以了解用户特征、用户喜好等信息，以便于在直播间运营中更好地调整货品、布置、活动形式等。用户画像分析详见第三章第四节"直播间粉丝运营"。

第三节　商品成交数据

一　数据总览

通过智能数据助理的实时数据，主播可以及时了解直播效果并进行直播调整；也可以在下播后，在PC端的直播中控台，点击【我的直播】，选中某条直播回放，查看详细的数据。但是直播回放中的数据仅保留近30天开播场次的历史数据。

图 4-3-1　直播回放数据

手机端也可以查询直播数据。在"淘宝主播"App直播推流页面，左滑就可以查询正在进行的直播的实时数据，如图4-3-2所示。手机端的直播回放同样可以查看某一场直播的数据，如图4-3-3所示。

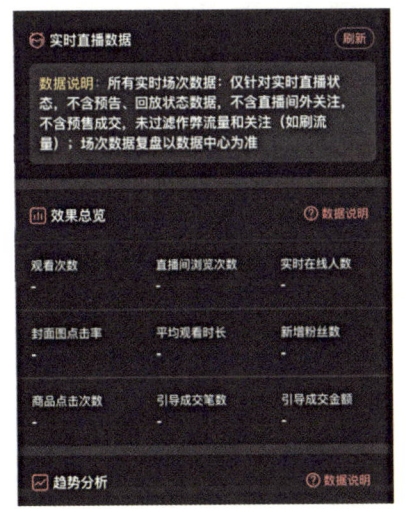

图 4-3-2　手机端左滑查询直播数据

图 4-3-3　直播数据回放

二 转化率

（一）如何查看

可以在生意参谋中查看"淘宝直播"App的访客数和下单转化率，如图4-3-4所示。路径：【卖家中心】—【生意参谋】—【流量分析】—【流量看板】—【转化】。

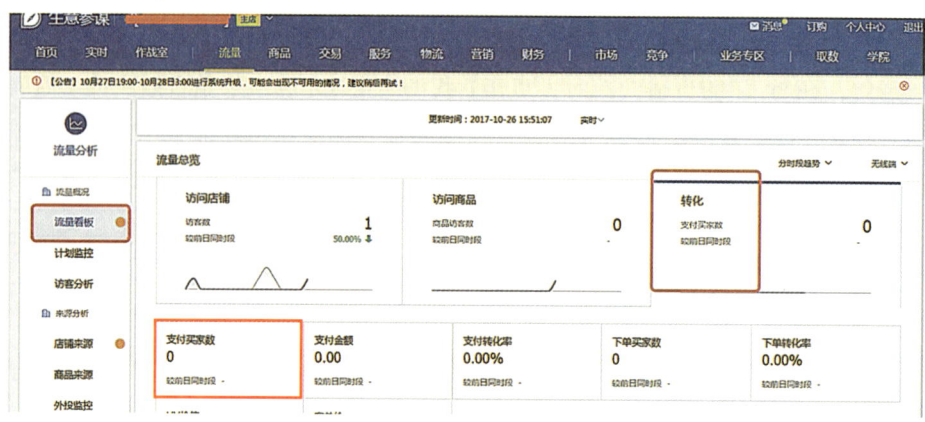

图4-3-4　生意参谋中的转化率数据

达人主播可进入阿里创作平台查看转化率，如图4-3-5所示。路径：【阿里创作平台】—【统计】—【内容分析】—【渠道分析】。

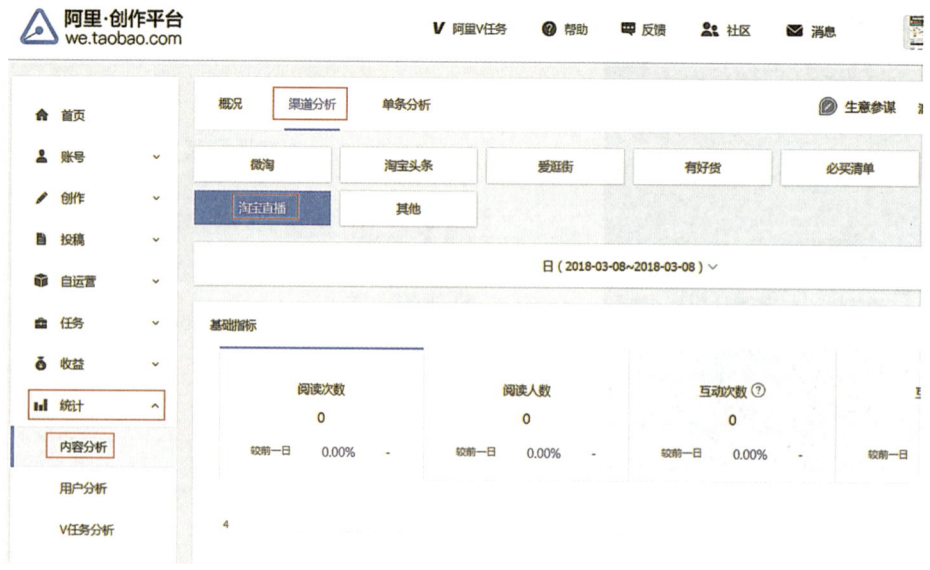

图4-3-5　阿里创作平台数据

(二)引导进店率

引导进店率是指直播间观看用户中点击宝贝进店或者加购的比例。这是衡量主播业务能力的一个重要指标,商家可以从以下几个方面对引导进店率进行优化。

1. 主播反复口播卖点,场控配合弹出宝贝,引导进店

当主播在介绍某款商品时,如果表述非常吸引人,而且不断地反复引导用户点击商品、点击进店,用户如果有一定的需求通常会点击商品看一看,如果场控能够配合主播,在讲解的时候在屏幕上主动弹出该商品的链接,不需要用户自己去寻找,点击进店的概率就会大大提高。

2. 设置进店利益点

有些商品并不是刚需用品,在用户可买可不买的情况下,如果商品没有明确的利益点,主播无论怎么卖力地口播用户也不一定愿意点进店看一看,所以直播运营的时候一定要设置主推款和引流款。例如直播日用品,即便用户家里的纸巾、毛巾等日用品有很多,但是如果活动很吸引人,大多数用户还是会点进去看看。

同时要注意将利益点外透,因为主播不可能时时刻刻都在讲活动,主推的活动一定要让进直播间的用户一眼就能看到。比如在直播间设置贴片、公告板等,或者在链接上编辑利益点文字(淘宝直播利益点限制字数10字以内,且为红色,十分醒目)。大促期间,有些直播间甚至会在背景上大幅透出利益点,如果直播间有电子背景,就可以配合主播的讲解及时更换利益点,引导消费者点击正在讲解的商品链接,提高进店率。

3. 货品组合

直播间货品的组合也很有讲究,合理的货品组合可以提升用户的进店转化率。例如,在上新直播中,可以设置60%的新品,30%的热销品和10%的秒杀品,如图4-3-6所示。热销品可以保证直播间的流量,秒杀产品有助于渲染直播间气氛。日常直播和排位赛直播可以参考图4-3-7和图4-3-8的货品组合。

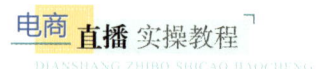

货品组合	货品	玩法
60%新品+30%热销+10%秒杀	新品主推款3～5款	本场主推款式,需要详细讲解,高频露出,做搭配
	流量款/销量款	引流和保销作用,讲解带过即可,与新品或主推品两两搭配,配合新品打爆
	低价/低库存款/断码款	用于上新前1小时预热,拉回前几天看新品预告的粉丝回直播间购买新品

图4-3-6 上新直播货品组合

货品组合	货品	玩法
50%热销+30%专享+20%平销	流量款/常青款	本场直播的主要引流产品和保销产品,可做详细讲解,主要用于留存直播间的新客户,保证直播间的基础销量
	直播专享价款式	一般可做固定时间场次,比如在直播间黄金1～2小时的时间段,选出30款左右产品,快频销售,主要用于培养客户的观看习惯和当天的直播冲销。也可以选一部分与常态款做搭配上架,营造活动氛围
	更替款	用于更替直播间货品,让直播间每天都会有"新款",让老客户不会无款可看,同时也间接拉动店铺平销款的销售

图4-3-7 日常直播货品组合

货品组合	货品	玩法
50%专享+40%热销+10%秒杀	直播专享价款式	为直播间主推款式,可以分两次直播,第一次用于跨0点冲销售和冲排位使用,另外一次做第二场补充
	流量款/常青款	引流和保销作用,挑重点讲解,新客户推荐款
	低价/低库存款/断码款	主要用于直播间阶段性拉回流使用,设置几个时间节点,主要是流量的几个高峰点,每次上5～10个左右的断码低库存款,可搭配其他专项款式进行交替上款,可刺激波段性销售和留新粉

图4-3-8 排位赛直播货品组合

三、成交数据

(一)如何查看

PC端和手机端直播间数据里都可以查到成交金额及其相关数据,如图4-3-9、图4-3-10所示。

图4-3-9　PC端成交数据

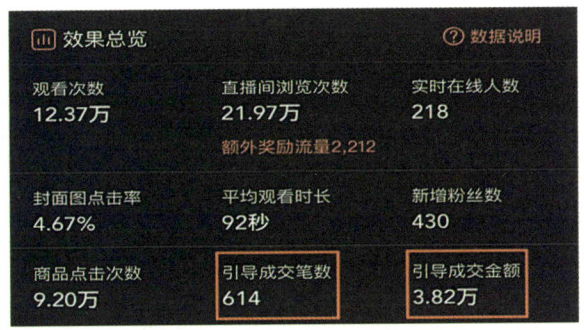

图4-3-10　移动端成交数据

(二)成交数据提升方案

1. 提升客单价

客单价是指直播间引导成交的用户平均支付金额。通过提高客单价,可以提高单个下单用户对成交的贡献值,从而在下单用户数量不变的情况下,提高直播间总的成交金额。提高客单价最直接有效的方法,一是提高用户单笔下单的支付金额,就是让用户购买单价高的单品;二是提高用户在一次直播中的下单笔数,就是一次多买几个产品。

(1)提高用户单笔下单的支付金额。

单笔下单的支付金额主要取决于商品的单价。通常直播间链接的第一个SKU[①]都是引流用的,有可能不赚钱甚至亏钱,目的是吸引用户。用户进入直播间以后,主播除了

[①] SKU(Stock Keeping Unit)是物理上不可分割的最小存货单元,可以简单地理解为每个商品的属性,比如红色M码是一个SKU,红色L码又是一个SKU。

展示引流商品，还要尽量展示规格更大、质量更好、单价更高的商品。比如销售瑜伽垫，第一个SKU是尺寸最小、厚度最薄的，售价19.9元，只能单人使用，并且不适合初学者。吸引用户进来以后主播就要尽量展示加宽、加厚、加长的款式，或者花色更好看的款式，售价29.9元甚至更高，引导用户购买后者，这样，单笔下单的支付金额就提高了。当然如果卖家销售的是单价高的产品，如电器，那就不存在这个问题，需要做的就是尽量让用户愿意下单。

同时，商家也可以通过发一些满减券、红包来提高用户下单的金额，让用户为了使用满减券而去凑单，多购买一些商品。

（2）提高用户在直播中的下单笔数。

为了让用户多下单，直播间的节奏把控就显得非常重要。每个产品的上架都要环环相扣，福利的力度层层递进，让用户越看越想买。在电商直播行业有这样一句话：买到不如抢到，抢到不如抢不到，就是说当一个直播间的产品从无限量随便买到需要限时限量抢购的时候，就能激发用户的消费欲望和胜负欲。同时，限时、限量还营造了紧迫感。但是，抢不到更好，比如薇娅直播间的商品往往上架几秒钟就抢没了，没有抢到的人在难过之余会更加珍惜下一轮的秒杀机会，消费的欲望就被更加彻底地激发了。

用户下单笔数还取决于产品组合是否合理、产品推荐顺序是否科学、主播的介绍是否专业。比如主播介绍了一款瘦腿的用具，那可以继续推荐放松按摩腿部的工具，甚至是排湿消肿的饮品、低热量的代餐零食等。如果用户购买了瘦腿用具，可能会继续下单购买其他产品，因为下单的用户一定是有身材管理诉求的。如果主播逻辑清晰，专业度高，用户建立信任以后一定会经常来购买。

2. 提高直播间新品数

新品数是指近7日直播间宝贝中相对上一个7日的新增宝贝数量，如果直播间长期没有新的宝贝，会影响直播间的成交效率，就算是老粉丝、挚爱粉，也不能一直在直播间永远买同样的产品。所以直播间经常上架新品是激活老粉丝的重要方法。

一旦粉丝与主播建立起强烈的信任感，主播就可以不断地用性价比高的新品、应季的新品来唤醒粉丝的购买力。直播间保持一个较高的上新率可以让老用户对直播间保持新鲜感，从而不断地回访，成为铁粉、钻粉甚至挚爱粉。

第四节 流量及观看数据

 场观

淘宝直播里，场观是指一场直播的观看次数。场观与观看人数不同，比如一个用户2次进入直播间，场观是2，而观看人数是1。当然，浏览人数越多浏览次数一定是越多的。看场观数据的时候要结合浏览人数一起分析，2000人8000场观的直播间与2000人4000场观的直播间，哪一个直播间更好呢？不能一概而论，8000场观的直播间肯定有其过人之处，才能让同一个用户在一场直播中进出4次。但是最终也要结合转粉率、停留时间、转化率来综合评判。那么如何提高场观呢？

（一）盘活私域

很多新主播会抱怨：为什么我直播了几个小时场观才几百？平台流量呢？主播在问这个问题之前先问问自己，平台为什么要把宝贵的流量匹配给你。最基本的一个评判标准就是主播有没有粉丝运营能力，直播的产品是不是受到原有粉丝的喜爱。所以无论在什么平台直播，首先要做好的就是私域流量的激活。淘宝主播可以将原本在自己店铺下过单的用户唤醒，通过短信群发、旺旺留言、粉丝群聊、客服端口的导流实现直播用户的积累。

如果主播没有开过淘宝店，那么可以在微信朋友圈、微信群、微博等平台引流，例如发布直播间抢红包、抽奖和免费送礼品等信息，通过朋友的转发实现裂变，引入私域流量。一旦平台监测到主播的私域流量运营能力，自然会逐渐匹配相应的公域流量。

（二）提高账号等级

账号的等级是流量匹配的一个基本点。淘宝直播账号的等级提升需要通过经验分和

专业分的增长来实现,简单来说一是要保证开播的场次、频率、有效时长;二是要有足够的商品链接来维持粉丝热度,当然也与直播间的互动率、弹幕平方数、转发率、转粉率、停留时间、下单金额等几个关键指标相关。账号等级的提升不是一蹴而就的,需要长期积累。

(三)做好账号表现

一个好的直播账号会在每一场次的直播实时"赛马"机制中脱颖而出,可以称为直播间的动态权重,属于账号表现的重要方面。账号表现包含了转粉、停留、浏览人数、浏览次数、成交转化等指标,当然还包含了账号是否违规、直播间商品的优品率等。违规账号会更根据严重程度扣分,甚至受到拉停直播、禁播等处罚,严重者甚至被关店。所以账号表现是平台推荐流量的基础,没有用户愿意在一个售假、优品率低、发货速度慢、售后处理能力低下的店铺下单,平台是绝对不会对这类店铺推荐流量的。

(四)流量采买

每个平台都有流量采买的机制,比如淘宝平台可以用超级推荐搭配钻展、直通车来对直播间引流,至于出价多少、每天预算多少、针对什么人群、针对哪些地域就要靠运营不断地尝试、推敲。值得提醒新主播的一点是,千万不要走捷径去购买黄牛手里的虚假流量,不仅得不偿失而且会适得其反。

还可以报名参加各种各样的平台活动,比如大促期间淘宝都会有一些直播间专属的活动,有付费的也有免费的。例如2019年的直播间连连看等,商家(主播)可以在后台报名参加。

刚刚开播的主播,在主播能力、货品质量、上新速度、直播间场景、私域运营等方面都做足准备后,还是建议做一定的流量采买,可以缩短账号成长的时间。

二 封面点击

淘宝直播的公域流量,除了核心给大主播的资源位之外,其他资源位都是与很多个直播间一起排列的，所以直播间的点击率就取决于标题和封面图。一般直播封面图的平均点击率为5%～15%。

每个平台都有对于封面图的要求，例如淘宝平台要求封面图使用素色背景，无任何文字，无水印，无边框，无拼接，无花字，不能过于花哨，也不能有未授权的明星合影，主播和封面人物要尽量一致，店铺直播可以用产品图。如果封面图违规，平台会在开播后10～15分钟内给出审核意见，主播在主账号的消息中心里就会看到违规通知，本场直播就不能在公域透出了，一周内多次违规还会被限流。

怎么样的图片才能在直播广场里脱颖而出呢？首先就是图片要有美感，其次就是图片和标题、账号、名称有相关度，最后就是图片必须是真实可信的。有些时候并不是精修的完美模特图就一定能吸引人，很多农产品直播更适合采用田间地头的照片来提高真实可信度，可信度高的封面图也会降低用户点击进来后的跳失率。

除了符合平台规则外，主播还可以参考一些同行的优秀封面，人设建立后，直播间封面要定期更换，给用户带来新鲜感。

 PV与UV

（一）概念

PV是Page View的简写，指页面刷新的次数，每一次页面刷新就算做一次PV流量。PV高不一定代表来访者多，一般来说，PV与来访者的数量呈正比，但是PV并不直接决定页面的真实来访者数量，例如，同一个来访者通过不断地刷新页面，也可以制造出非常高的PV。

UV（Unique Visitor）指访问淘宝店铺或者产品不同IP地址的人数。在同一天内，UV只记录第一次进入网站的具有独立IP的访问者，在同一天内再次访问该网站则不再计数。简单来说，淘宝直播UV就是直播过程中到达直播间的人数。

淘宝直播想要做浮现的话，UV与停留时长很重要，但是成交转化数据同样重要，因为这个数据是官方识别直播过程中的精彩度考核的核心指标。

(二)如何提高PV和UV

1. 主题明确

做直播之前,主播要确定明确的主题。比如大主播常做的粉丝节、心愿节、农产品专场、百货专场,甚至是某个品牌的专场。根据直播的目的,制订分阶段的直播计划,找到一个特色鲜明、抓人眼球的主题。主题尽量做到简洁凝练,一针见血,深入人心。

2. 封面抓人眼球

淘宝直播封面就像是直通车的主图一样,主要作用就是吸引用户点击,一张高清、创意十足、充满美感的封面会让用户不由自主地点击,当然,封面要和直播的内容完全吻合,不能为了吸引人气,提供和直播内容不相符的图片。骗取点击的行为肯定是不能长久的,甚至会被平台封杀。

3. 内容优质

在主播数量几何级增长的今天,如何用优质的内容留住用户是每个主播必修的功课。带货主播作为意见领袖,一定要有扎实的垂直领域的知识或者技能。比如一个美妆类目的主播,要了解产品的成分、制作工艺、品牌故事、生产流程、上市后的备案流程,要分得清楚特殊类化妆品、医用级化妆品等,也要对化妆、护肤甚至医美有一定的研究,否则输出的内容会缺乏亮点,平淡无奇。纯粹靠低价、喊话、热闹而生的直播间绝对不会是未来电商直播的发展方向,没有知识内容输出的主播也一定会在一次次的洗牌中被淘汰。

四 流量来源

(一)进入直播间流量的来源渠道分布(表4-4-1)

表4-4-1 直播间主要流量渠道

渠 道	解 释
直播—关注	通过直播关注频道进入直播间

续表

渠道	解释
推荐	包括直播频道、首页猜你喜欢直播TAB、直播间切换等场景的直播推荐流量
微淘	通过淘宝微淘关注进入直播间
店铺	通过店铺页的直播入口展现进入直播间
主播主页	通过主播个人主页入口展现进入直播间
宝贝详情页	通过宝贝详情页的直播入口展现进入直播间
搜索	通过搜索结果页进入直播间
分享回流	通过直播间分享链路进入直播间
其他	未归属上述渠道的其他来源

(二)推荐流量

目前对于主播来说，重点的公域流量包括淘宝直播频道、手淘猜你喜欢、手淘搜索、"淘宝直播"App等，公域流量是通过非常复杂的算法排序模型进行计算的，需要主播们不断地提升直播间效果，如观看时长、互动、转化，以及吸引更多的粉丝关注来不断增加在公域展现的机会。短期来说，主播们可以采取的措施主要包含4个方面，如表4-4-2所示。

表4-4-2 提升公域流量的方法

提升方向	要点
获取公域浮现权	新主播需要快速晋升到V2才可以获得浮现权（天猫商家默认有浮现权），有了浮现权才可以在公域获得展现
优化直播标题和封面图	通过设置有吸引力的标题和封面，可以更好地把握公域曝光流量的效率，甚至能够获得更多的曝光率
选择正确的栏目标签	只有选择了正确的标签，直播间才会在对应的前台频道展现，有可能曝光给对该品类感兴趣的用户
设置直播看点	目前"直播看点"已经进入了各个公域场景进行展现，用户进入看点后如果主播正在直播，会被引导进入直播间，给直播间带来更多流量

(三)推广流量

1.概念

推广流量是指通过阿里妈妈商业推广引导进入直播间的人数。目前可以进行直播间商业推广的产品包含超级推荐和钻展,两个产品的区别在于推广位置和推广设置的复杂程度有所不同。

(1)超级推荐是在手淘猜你喜欢等推荐场景中穿插原生形式信息的信息流推广产品,囊括手淘核心推荐渠道:猜你喜欢(首页、购物车、支付成功)、微淘、直播广场、有好货,呈现方式如图4-4-1所示。

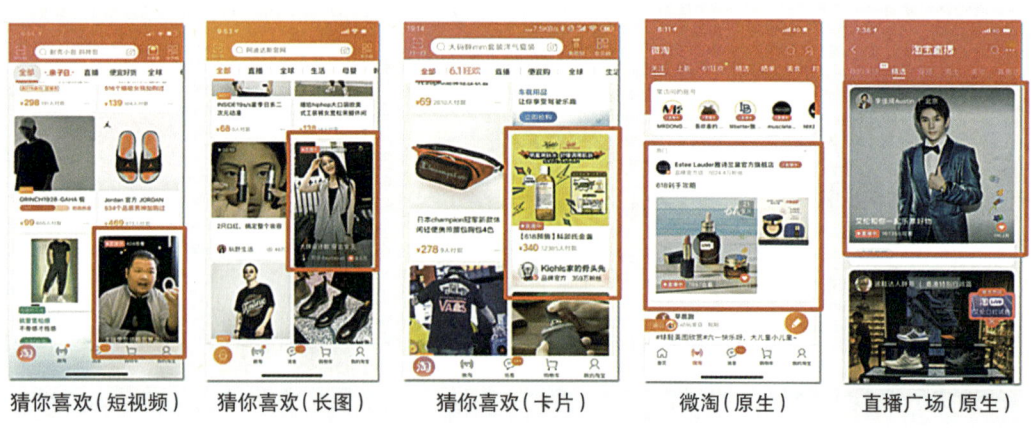

图4-4-1 超级推荐——直播推广的展现样式

(2)钻展能够在淘宝手淘首页资源位、淘宝直播精选feeds资源位跳转到直播间引流。

对于目前直播间还处于成长阶段的主播,建议先尝试以超级推荐的方式进行引流,因为设置相对简单,且效果也不错。目前超级推荐可以在PC中控台和"淘宝主播"App进行操作。

2.直播推广收费方式

CPC(Cost Per Click):按照点击进行扣费,没有发生点击行为,就不扣费,相对来说,点击成本可控。

目前超级推荐只能为正在直播中的直播间进行引流,如果需要为直播回放或者预告进行引流,需要使用阿里妈妈的直通车产品。

商业化引流可以通过圈定人群进行直播间投放，如果主播当前比较希望涨粉，那么可以有针对性地把直播间投放给潜在粉丝（目前是非粉丝）人群。

3. 超级推荐—直播推广设置

（1）进入超级推荐后台（网址：https://tuijian.taobao.com）。

（2）点击【直播推广】，如图4-4-2所示。

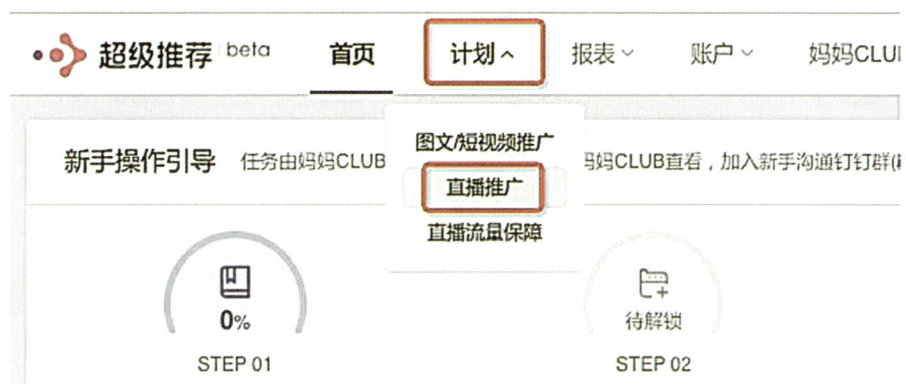

图4-4-2　直播推广

（3）新建直播推广计划，选择【自定义】，如图4-4-3所示。

图4-4-3　直播推广计划

（4）填写基本信息、设定定向人群，如图4-4-4、图4-4-5所示。

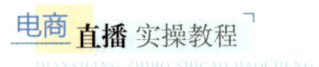

图4-4-4　填写基本信息

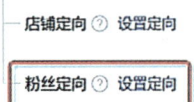

图4-4-5　设置定向人群

可以从内容形式偏好、内容领域活跃用户、内容领域金牌达人粉丝维度圈选潜在粉丝人群，满足粉丝维度的拉新诉求，如图4-4-6所示。

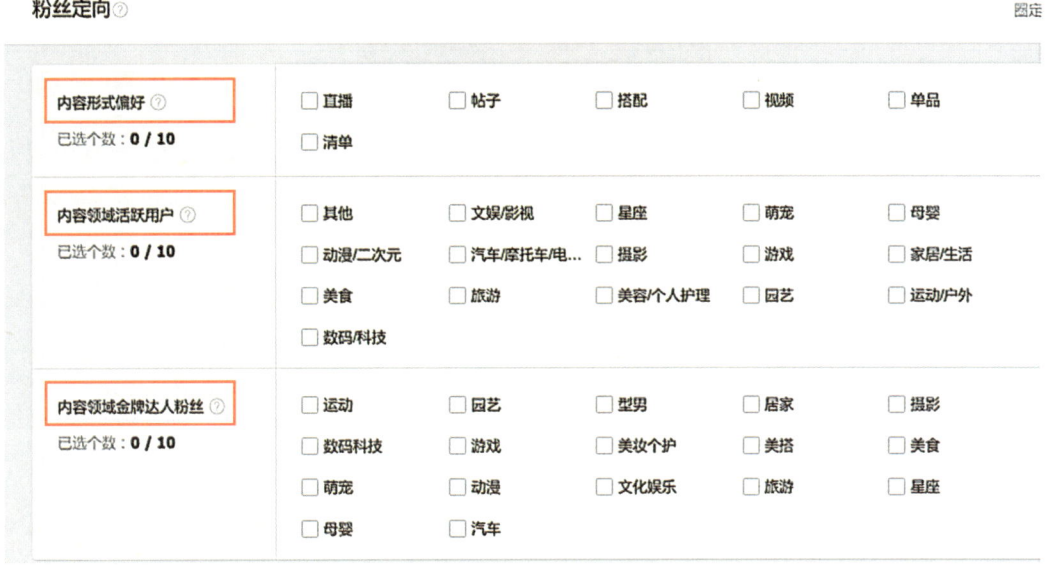

图4-4-6 粉丝定向

（5）如需查看计划详情，如成本进度和效果，需登录超级推荐后台查看，如图4-4-7所示。

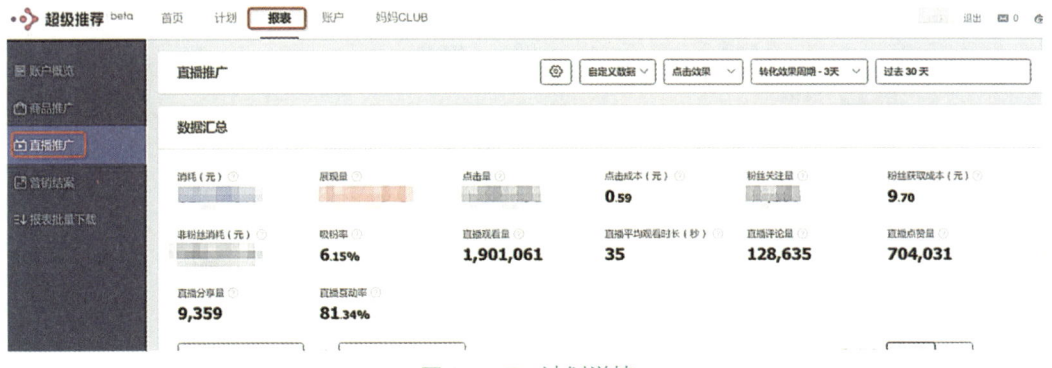

图4-4-7 计划详情

4."淘宝主播"App设置直播推广

（1）设置路径：在"淘宝主播"App中点击右上角—查看全部或在工具栏—【我的直播间】查看全部直播间，点击直播间右下方【推广】即可，如图4-4-8所示。

图4-4-8 "淘宝直播"App直播推广设置

（2）创建直播推广计划。设置引流出价、引流预算，并选择目标人群，如图4-4-9所示。设置好出价、预算、人群后，若预算充足，点击【立即推广】即可完成创建。

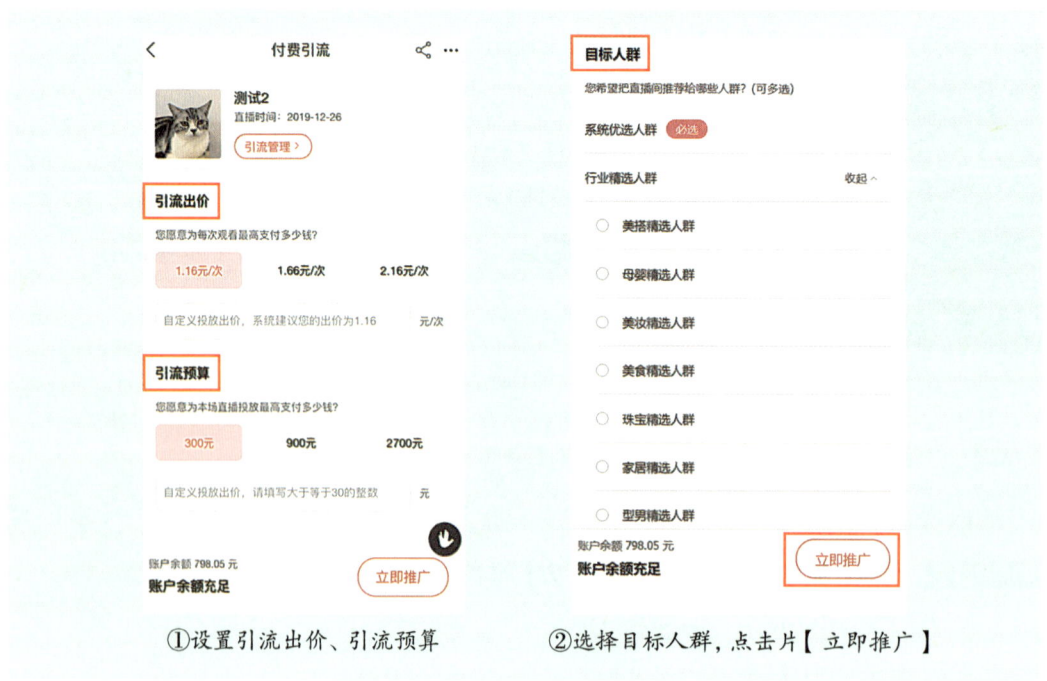

①设置引流出价、引流预算　　　　②选择目标人群，点击片【立即推广】

图4-4-9 创建直播推广计划

(3)点击【付费推广管理】,即可查看直播间的推广数据,如图4-4-10所示。

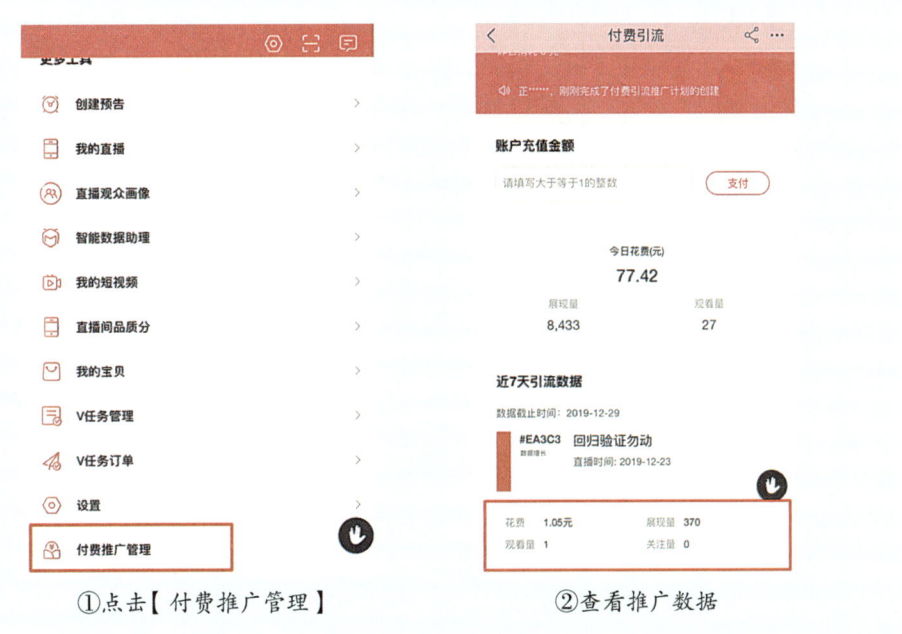

①点击【付费推广管理】　　　　②查看推广数据

图4-4-10　直播间推广数据

附 录

中国广告协会《网络直播营销行为规范》

前 言

网络直播营销作为一种社会化营销方式,对促进消费扩容提质、形成强大国内市场起到了积极作用。规范网络直播营销活动,促进其健康发展,需要在现行法律框架下,构建包括政府监管、主体自治、行业自律、社会监督在内的社会共治格局。网络直播营销活动的诸多要素带有明显广告活动功能和特点,广告活动的各类主体也积极参与投入网络直播营销活动,是网络直播营销新业态发展的重要力量。中国广告协会密切关注广告活动的变化以及网络直播营销新业态的发展,经过充分调研,征求意见,并得到国家市场监管总局有关单位、中国消费者协会的大力支持,制定了网络直播营销活动行为规范。中国广告协会将不断倡导自律规范先行,依法加强行业自律,提供自律公共服务和引导市场主体自治,推进行业诚信建设。

本规范侧重为从事网络直播营销活动的各类主体提供行为指南。非直播网络视频营销,属于广告活动的,应当符合《中华人民共和国广告法》规定;属于其他营销活动的,可参照本规范进行自律。

第一章 总 则

第一条 为营造良好的市场消费环境,引导网络直播营销活动更加规范,促进网络直播营销业态的健康发展,根据《中华人民共和国电子商务法》《中华人民共和国消费者权益保护法》《中华人民共和国广告法》《中华人民共和国产品质量法》《中华人民共和国反不正当竞争法》等法律、法规、规章和有关规定,制定本行为规范。

第二条　本规范适用于商家、主播等参与者在电商平台、内容平台、社交平台等网络平台上以直播形式向用户销售商品或提供服务的网络直播营销活动。

第三条　网络直播营销活动应当认真遵守国家法律、法规，坚持正确导向、诚实信用、信息真实、公平竞争原则，活动内容符合社会主义精神文明建设和弘扬中华民族优秀传统文化的要求。

鼓励网络直播营销平台经营者积极参与行业自律，共同推进网络直播营销活动社会共治。

第四条　网络直播营销活动中所发布的信息不得包含以下内容：

（一）反对宪法所确定的基本原则及违反国家法律、法规禁止性规定的；

（二）损害国家主权、统一和领土完整的；

（三）危害国家安全、泄露国家秘密以及损害国家荣誉和利益的；

（四）含有民族、种族、宗教、性别歧视的；

（五）散布谣言等扰乱社会秩序，破坏社会稳定的；

（六）淫秽、色情、赌博、迷信、恐怖、暴力或者教唆犯罪的；

（七）侮辱、诽谤、恐吓、涉及他人隐私等侵害他人合法权益的；

（八）危害未成年人身心健康的；

（九）其他危害社会公德或者民族优秀文化传统的。

第五条　网络直播营销活动应当全面、真实、准确地披露商品或者服务信息，依法保障消费者的知情权和选择权；严格履行产品责任，严把直播产品和服务质量关；依法依约积极兑现售后承诺，建立健全消费者保护机制，保护消费者的合法权益。

第六条　网络直播营销主体不得利用刷单、炒信等流量造假方式虚构或篡改交易数据和用户评价；不得进行虚假或者引人误解的商业宣传，欺骗、误导消费者。

在网络直播营销中发布商业广告的，应当严格遵守《中华人民共和国广告法》的各项规定。

第七条　网络直播营销主体应当依法履行网络安全与个人信息保护等方面的义务，收集、使用用户个人信息时应当遵守法律、行政法规等相关规定。

第八条　网络直播营销主体应当遵守法律和商业道德，公平参与市场竞争。不得违反法律规定，从事扰乱市场竞争秩序，损害其他经营者或者消费者合法权益的行为。

第九条 网络直播营销主体应当建立健全知识产权保护机制，尊重和保护他人知识产权或涉及第三方的商业秘密及其他专有权利。

第十条 网络直播营销主体之间应当依法或按照平台规则订立合同，明确各自的权利义务。

第十一条 网络直播营销主体应当完善对未成年人的保护机制，注重对未成年人身心健康的保护。

第二章　商　家

第十二条 商家是在网络直播营销中销售商品或者提供服务的商业主体。商家应具有与所提供商品或者服务相应的资质、许可，并亮证亮照经营。

第十三条 商家入驻网络直播营销平台时，应提供真实有效的主体身份、联系方式、相关行政许可等信息，信息若有变动，应及时更新并告知平台进行审核。

第十四条 商家销售的商品或者提供的服务应当合法，符合网络直播营销平台规则规定，不得销售、提供违法违禁商品、服务，不得侵害平台及任何第三方的合法权益。

第十五条 商家推销的商品或提供的服务应符合相关法律法规对商品质量和使用安全的要求，符合使用性能、宣称采用标准、允诺等，不存在危及人身或财产安全的不合理风险。

商家销售药品、医疗器械、保健食品、特殊医学用途配方食品等特殊商品时，应当依法取得相应的资质或行政许可。

第十六条 商家应当按照网络直播营销平台规则要求提供真实、合法、有效的商标注册证明、品牌特许经营证明、品牌销售授权证明等文件。

第十七条 商家发布的产品、服务信息，应当真实、科学、准确，不得进行虚假宣传、欺骗、误导消费者。涉及产品、服务标准的，应当与相关国家标准、行业团体标准相一致，保障消费者的知情权。

商家营销商品和服务的信息属于商业广告的，应当符合《中华人民共和国广告法》的各项规定。

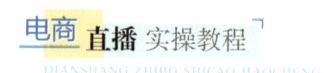

第十八条 商家应当依法保障消费者合法权益,积极履行自身作出的承诺,依法提供退换货保障等售后服务。

商家与主播之间约定的责任分担内容和方式等,应当遵守法律、法规规定,遵循平台规则。

第三章 主 播

第十九条 主播是指在网络直播营销活动中与用户直接互动交流的人员。

第二十条 主播应当了解与网络直播营销相关的基本知识,掌握一定的专业技能,树立法律意识。

主播入驻网络直播营销平台,应提供真实有效的个人身份、联系方式等信息,信息若有变动,应及时更新并告知。

主播不得违反法律、法规和国家有关规定,将其注册账号转让或出借给他人使用。

第二十一条 主播入驻网络直播营销平台应当进行实名认证,前端呈现可以采用符合法律法规要求的昵称或者其他名称。

主播设定直播账户名称、使用的主播头像与直播间封面图应符合法律和国家有关规定,不得含有违法及不良有害信息。

第二十二条 主播的直播间及直播场所应当符合法律、法规和网络直播营销平台规则的要求,不得在下列场所进行直播:

(一)涉及国家及公共安全的场所;

(二)影响社会正常生产、生活秩序的场所;

(三)影响他人正常生活的场所。

直播间的设置、展示属于商业广告的,应当符合《中华人民共和国广告法》规定。

第二十三条 主播在直播营销中应坚持社会主义核心价值观,遵守社会公德,不得含有以下言行:

(一)带动用户低俗氛围,引导场内低俗互动;

(二)带有性暗示、性挑逗、低俗趣味的;

(三)攻击、诋毁、侮辱、谩骂、骚扰他人的;

（四）在直播活动中吸烟或者变相宣传烟草制品（含电子烟）的；

（五）内容荒诞惊悚，以及易导致他人模仿的危险动作；

（六）其他违反社会主义核心价值观和社会公德的行为。

第二十四条　主播发布的商品、服务内容与商品、服务链接应当保持一致，且实时有效。法律、法规规定需要明示的直接关系消费者生命安全的重要消费信息，应当对用户进行必要、清晰的消费提示。

第二十五条　主播在直播活动中，应当保证信息真实、合法，不得对商品和服务进行虚假宣传，欺骗、误导消费者。

第二十六条　主播在直播活动中做出的承诺，应当遵守法律法规，遵循平台规则，符合其与商家的约定，保障消费者合法权益。

主播应当遵守法律、法规，遵循平台规则，配合网络直播营销平台做好参与互动用户的言论规范管理。

第二十七条　主播在网络直播营销活动中不得损害商家、网络直播营销平台合法利益，不得以任何形式导流用户私下交易，或者从事其他谋取非法利益的行为。

第二十八条　主播向商家、网络直播营销平台等提供的营销数据应当真实，不得采取任何形式进行流量等数据造假，不得采取虚假购买和事后退货等方式骗取商家的佣金。

第二十九条　主播以机构名义进行直播活动的，主播机构应当对与自己签约的个人主播的网络直播营销行为负责。

第四章　网络直播营销平台

第三十条　网络直播营销平台是指在网络直播营销活动中提供直播技术服务的各类社会营销平台，包括电商平台、内容平台、社交平台等。

第三十一条　网络直播营销平台经营者应当依法经营，履行消费者权益保护、知识产权保护、网络安全与个人信息保护等方面的义务。

鼓励、支持网络直播营销平台经营者积极参与行业标准化、行业培训、行业发展质量评估等行业自律公共服务建设。

第三十二条 网络直播营销平台经营者应当要求入驻本平台的市场主体提交其真实身份或资质证明等信息，登记并建立档案。对商家、主播告知的变更信息，应当及时予以审核、变更。

第三十三条 网络直播营销平台经营者应当在以下方面建立、健全和执行平台规则：

（一）建立入驻主体服务协议与规则，明确网络直播营销行为规范、消费者权益保护、知识产权保护等方面的权利和义务；

（二）制定在本平台内禁止推销的商品或服务目录及相应规则；

（三）建立商家、主播信用评价奖惩等信用管理体系，强化商家、主播的合规守信意识；

（四）完善商品和服务交易信息保存制度，依法保存网络直播营销交易相关内容；

（五）完善平台间的争议处理衔接机制，依法为消费者做好信息支持，积极协助消费者维护合法权益；

（六）建立健全知识产权保护规则，完善知识产权投诉处理机制；

（七）建立便捷的投诉、举报机制，公开投诉、举报方式等信息，及时处理投诉、举报；

（八）有利于网络直播营销活动健康发展的其他规则。

第三十四条 网络直播营销平台经营者应当在以下方面加强服务规范，努力提高服务水平，促进行业健康发展：

（一）遵守法律法规，坚持正确导向；

（二）建立和执行各类平台规则；

（三）加强本平台直播营销内容生态审核和内容安全治理；

（四）规范主播准入和营销行为，加强对主播的教育培训及管理；

（五）明确本平台禁止的营销行为，及对违法、不良等营销信息的处置机制；

（六）依法配合有关部门的监督检查，提供必要的资料和数据。

第三十五条 电商平台类的网络直播营销平台经营者，应当加强对入驻本平台内的商家主体资质规范，督促商家依法公示营业执照、与其经营业务有关的行政许可等信息。

第三十六条 内容平台类的网络直播营销平台经营者应当加强对入驻本平台的商家、主播交易行为规范,防止主播采取链接跳转等方式,诱导用户进行线下交易。

第三十七条 社交平台类的网络直播营销平台经营者应当规范内部交易秩序,禁止主播诱导用户绕过合法交易程序在社交群组进行线下交易。

社交平台类的网络直播营销平台经营者,应当采取措施防范主播利用社交群组进行淫秽色情表演、传销、赌博、毒品交易等违法犯罪以及违反网络内容生态治理规定的行为。

第五章 其他参与者

第三十八条 网络直播营销主播服务机构,是指培育主播并为其开展网络直播营销活动提供服务的专门机构(如MCN机构等)。

网络直播营销主播服务机构应当依法取得相应经营主体资质,按照平台规则与网络直播营销活动主体签订协议,明确各方权利义务。

第三十九条 主播服务机构与网络直播营销平台开展合作,应确保本机构以及本机构签约主播向合作平台提交的主体资质材料、登录账号信息等真实、有效。

主播服务机构应当建立健全内部管理规范,签约具备相应资质和能力的主播,并加强对签约主播的管理;开展对签约主播基本素质、现场应急能力的培训,提升签约主播的业务能力和规则意识;督导签约主播加强对法律、法规、规章和有关规定及标准规范等的学习。

主播服务机构应当与网络直播营销平台积极合作,落实合作协议与平台规则,对签约主播的内容发布进行事前规范、事中审核、违规行为事后及时处置,共同营造风清气正的网络直播营销活动内容生态。

第四十条 主播服务机构应当规范经营,不得出现下列行为:

(一)获取不正当利益,如向签约主播进行不正当收费等;

(二)未恰当履行与签约主播签署的合作协议,或因显失公平、附加不当条件等与签约主播产生纠纷,未妥善解决,造成恶劣影响;

(三)违背承诺,不守信经营,如擅自退出已承诺参与的平台活动等;

（四）扰乱网络直播营销活动秩序，如数据造假或作弊等；

（五）侵犯他人权益，如不当使用他人权利、泄露他人信息、骗取他人财物、骚扰他人等；

（六）故意或者疏于管理，导致实际参与网络直播营销活动的主播与该机构提交的主播账户身份信息不符。

第四十一条 用户是指使用互联网直播信息内容服务购买商品或者服务的组织或者个人，即网络直播服务的最终用户。

用户在参与网络直播互动时，应遵守国家法律法规和平台管理规范，文明互动、理性表达，不得利用直播平台发表不当言论，侵犯他人合法权益。

第六章　鼓励与监督

第四十二条 鼓励网络直播营销活动主体响应国家脱贫攻坚、乡村振兴等号召，积极开展公益直播。

公益直播应当依法保证商品和服务质量，保障消费者的合法权益。

公益直播应当遵纪守法，不得损害国家机关及其工作人员的名誉和形象。

第四十三条 中国广告协会将加强对本规范实施情况的监测和评估，向社会公示规范实施情况，鼓励自律自治。对违反本规范的，视情况进行提示劝诫、督促整改、公开批评，对涉嫌违法的，提请政府监管机关依法查处等，切实服务行业自律、服务行业维权、服务行业发展。

第四十四条 本规范自2020年7月1日起施行。

后 记

随着5G时代的到来，网红经济、直播产业将迎来更大风口，"网红＋电商＋直播"这种新的营销方式正成为新经济领域的增长点。2020年，电商直播呈井喷式发展，市场规模不断扩大。为了帮助商家系统、规范地学习电商直播相关知识，了解主流电商直播平台的规则和操作流程，掌握直播营销技巧，深刻领会电商直播的意义，浙江省电子商务促进中心、浙江国际电子商务研究院组织编写了本书。

本书由金华市菁英职业技能培训学校校长朱佩珍、金华职业技术学院网络学院实战教学部副部长金川涵任主编，金华高级职业技术学院电商专业主任郝昕、金华职业技术学院电商教师严梦甜任副主编，13位教师及相关行业人员参与了编写工作。第一章由郝昕编写；第二章中，第一节由史鹏飞、严梦甜编写，第二节由张鹏、严梦甜编写，第三节由金川涵、邵承浩编写，第四节由史鹏飞、杨丹、柴腾飞编写；第三章中，第一节由张鹏、杨丹编写，第二节由严梦甜、朱佩珍编写，第三节由朱佩珍、李剑虹编写，第四节由李述文、陈宗艺、朱佩珍编写，第五节由金川涵、邵承浩编写；第四章由金川涵、陆野编写。

在本书的编写过程中，浙江省商务厅一级巡视员徐高春对本书进行了审读并提出了宝贵的意见，浙江省电子商务促进中心做了大量的组织协调工作，浙江科学技术出版社给予了大力支持。本书的编写也得到了谦寻（杭州）文化传媒有限公司、巨量引擎浙江直营中心、金华市菁英职业技能培训学校、金华职业技术学院、义乌火花信息科技有限公司、蔚来演出经纪（金华）有限公司、金华市铃兰进出口有限公司、金华高级职业技术学院、金华市菁英关谷数字传媒有限公司等机构的支持。在此，谨对所有给予帮助支持的单位和有关同志表示衷心感谢！

由于水平有限，书中难免有疏漏和不足之处，敬请广大读者提出宝贵意见。

编　者

2020年8月